江苏省高级人民法院
公 报

GAZETTE OF THE HIGHER PEOPLE'S COURT OF JIANGSU PROVINCE

江苏省高级人民法院　编

法 律 出 版 社
——北 京——

图书在版编目(CIP)数据

江苏省高级人民法院公报. 2022年. 第1辑 : 总第79辑 / 江苏省高级人民法院编. -- 北京 : 法律出版社, 2022

ISBN 978-7-5197-6724-2

Ⅰ. ①江… Ⅱ. ①江… Ⅲ. ①法院-文件-汇编-江苏-2022 Ⅳ. ①D926.229

中国版本图书馆CIP数据核字(2022)第074094号

江苏省高级人民法院公报
(2022年第1辑:总第79辑)
JIANGSUSHENG GAOJI RENMIN FAYUAN GONGBAO
(2022 NIAN DI-1 JI:ZONG DI-79 JI)

江苏省高级人民法院 编

责任编辑 冯高琼
装帧设计 汪奇峰 贾丹丹

出版发行 法律出版社
编辑统筹 法规出版分社
责任校对 张红蕊
责任印制 耿润瑜
经　　销 新华书店

开本 A4
印张 4.75　**字数** 96千
版本 2022年8月第1版
印次 2022年8月第1次印刷
印刷 三河市兴达印务有限公司

地址:北京市丰台区莲花池西里7号(100073)
网址:www.lawpress.com.cn
投稿邮箱:info@lawpress.com.cn
举报盗版邮箱:jbwq@lawpress.com.cn

销售电话:010-83938349
客服电话:010-83938350
咨询电话:010-63939796

书号:ISBN 978-7-5197-6724-2　**定价**:15.00元

凡购买本社图书,如有印装错误,我社负责退换。电话:010-83938349

江苏省高级人民法院公报

2022 年第 1 辑(总第 79 辑)

江苏省高级人民法院工作报告

——2022 年 1 月 22 日在江苏省第十三届人民代表大会第五次会议上

江苏省高级人民法院院长　夏道虎

各位代表：

现在，我代表江苏省高级人民法院向大会报告工作，请予审议，并请各位政协委员提出意见。

2021 年全省法院工作

2021 年，全省法院坚持以习近平新时代中国特色社会主义思想为指导，深入贯彻习近平法治思想，认真落实中央、省委、最高人民法院决策部署和省十三届人大四次会议决议，以党史学习教育和政法队伍教育整顿为契机强化队伍建设，以“努力让人民群众在每一个司法案件中感受到公平正义”为目标狠抓执法办案，以精准服务中心大局为首任履职尽责，为我省实现“十四五”发展和现代化建设良好开局作出了积极贡献。全省法院受理案件 204.8 万件，审执结 180.8 万件，分别上升 16.8%、17.9%；省法院受理案件 3.8 万件，审执结 2.5 万件，分别上升 13.6%、39.7%。

一、贯彻新发展理念，服务保障经济社会高质量发展

服务创新驱动发展。加强知识产权司法保护，优化科技创新法治环境，一审审结知识产权案件 2.9 万件，最严格知识产权司法保护工作获评全省政法工作优秀创新成果特等奖。持续加大侵权损害赔偿力度，对 80 件案件适用惩罚性赔偿，增长 56.9%，最高判赔 1 亿元。服务科技自立自强和数字经济发展，经最高人民法院批准增设无锡、徐州知识产权法庭，在南京、苏州设立集成电路、互联网知识产权保护调研基地，协同工信厅等部门走访 34 家突破“卡脖子”技术攻关揭榜挂帅企业，提级审理一批涉 5G、生物医药等重大技术类案件，服务关键核心技术攻坚战。审结侵害圣奥公司技术秘密案，判决侵权人赔偿 2 亿多元，保护了企业世界领先的技术权益。严惩盗版、恶意抢注等侵权行为，扬州、淮安中院等 7 家法院获评全国查处侵权盗版重大案件有功单位。

优化法治化营商环境。一审审结商事案件14.8万件，标的额1764.5亿元。出台保护产权和民营企业13条措施，严格区分经济纠纷与经济犯罪，保护企业家人身和财产安全，3个案例入选全国法院助推民营经济高质量发展十大案例；开展涉企积案清理专项行动，审执结案件2978件；协同省工商联推进商会商事调解，定期推送典型案例，化解商事纠纷3512起；强化善意文明司法，推广“物联网+执行”等“活封活扣”措施，最大限度减少对企业生产经营的影响。加强反垄断和反不正当竞争司法，审结案件675件，判决强制商户“二选一”的平台企业构成不正当竞争，维护公平竞争市场秩序。服务长三角一体化发展，与沪浙皖法院建立执行、金融、海事、知产等司法协作机制。服务供给侧结构性改革，审结破产案件3953件，化解不良债权2688亿元，安置职工3.5万人，盘活土地房产2194万平米，一批企业经清算有序退出市场，百年老店“乾生元”等183家企业经重整获得新生。在“雨润系”78家公司合并破产重整案中，南京中院指导企业引入战略投资，有效整合资源，化解债务近800亿元，企业员工和产业链近5万人就业得以保障。在国家优化营商环境评价中，南京、苏州法院牵头的3个指标均获评全国“标杆”。

服务美丽江苏建设。深入践行“两山”理念，深化“9+1”机制改革，用最严格制度最严密法治保护生态环境，一审审结环资案件10736件。聚焦打好污染防治攻坚战，审结环境污染案288件，判决未依照环保新规达标升级的大吉公司承担556万元生态修复赔偿金，督促企业减少污染排放。贯彻《长江保护法》和“十年禁渔”重大决策，出台14条司法意见，审结非法捕捞案305件，会同农业农村厅等部门增殖放流鱼苗1100多万尾，“特大非法捕捞鳗鱼苗案”入选联合国环境规划署十大环境资源典型案例。完善大运河司法保护机制，依法审理非法排污、古建筑保护等案件，促进河道治理和文化遗产保护。加强生物多样性保护，审结野生动物保护案351件，南京、无锡、常州等地法院与动物园建立收养救治协作机制，有效保护涉案野生动物。协同中华环保联合会举办全国大学生环境资源模拟法庭大赛，编写出版《漫画生物多样性保护》，运用25个典型案例释法明理，促进全社会提升生态环保意识。省法院在世界环境司法大会上作专题发言，向世界展示江苏生态环境司法的生动实践。

服务全面推进乡村振兴。组织全省人民法庭开展“乡村振兴服务有我”品牌创建，在张家港、如东、涟水等法院设立8个司法服务乡村振兴实践基地，助力建设新时代鱼米之乡。审结农地“三权分置”案1854件，护航高标准农田建设和农业规模化经营。镇江中院妥善化解山水湾公司土地承包纠纷，900 亩特色农业承包协议得以继续履行，既保障了村民收入和企业发展，又改善了基础设施和生态环境。依法保护植物新品种权，促进种业振兴，3 个案例入选全国法院种业司法保护十大案例。

服务全面开放新格局。制定服务保障对外开放工作纪要，设立南京、连云港自贸试验区法庭和徐州淮海国际港务区法庭，与国际商事调解、仲裁机构合作构建调解、仲裁、诉讼有机衔接的一站式纠纷解决机制，依法平等保护各类市场主体和中外当事人合法权益。一审审结涉外商事海事、涉港澳台等案件 2867 件，办理司法协助 675 件。南京海事法院推出服务“一带一路”14 项措施，高效化解海事海商纠纷，4 起案件当事人主动选择或将国外仲裁变更为南京海事法院管辖，海事司法国际影响力持续提升。苏州国际商事法庭建立中立评估调解和外国法查明机制，适用埃塞俄比亚法律判决一起跨境股权纠纷案，得到该国行政部门直接认可和执行，有效维护了我国投资人海外权益。

二、贯彻总体国家安全观，着力推进更高水平平安江苏建设

维护国家安全和社会稳定。一审审结刑事案件 7.5 万件，判处 11 万人。坚定捍卫国家政治安全，严惩间谍、煽动颠覆国家政权等犯罪。保持对严重危害社会治安犯罪高压态势，审结故意杀人、抢劫等暴力犯罪案 4791 件，对残忍杀害瘫痪老人的保姆虞海娣依法判处死刑，对“原南京医学院女学生被害案”罪犯麻继钢依法执行死刑。深入推进禁毒斗争，审结毒品犯罪案 1538 件，2 个案例入选全国法院毒品犯罪十大案例。常态化扫黑除恶，建立打财断血、综合治理等 18 项制度机制，审结涉黑涉恶及“保护伞”案 127 件 495 人，依法处置“黑财”42.9 亿元。

守护群众生产生活安全。严厉打击“杀猪盘”“兼职刷单”等电信网络诈骗犯罪，积极参与“断卡”行动，从严从快审结案件 2897 件，为群众挽回损失 1.8 亿元；对被告人达 800 多名的“10 · 30”跨境电信网络诈骗案、涉案金额近 30 亿元的“创赢集团”网络诈骗案罪犯依法严惩。贯彻新生效的刑法修正案，溧阳法院审结全国首例高空抛物罪案，维护群众头顶上的安全；江阴法院审结行车途中殴打大巴司机案，维护群众出行安全。审结危害食品药品安全犯罪案 561 件，维护百姓餐桌安全、用药安全。审结重大安全事故犯罪案 422 件，依法惩处“非法流动加油车爆燃”“违章驾驶导致危化品泄漏”等犯罪，促进提升本质安全水平。

依法严惩腐败犯罪。完善监察与刑事司法衔接机制，一审审结贪污贿赂、渎职等犯罪案件 927 件 1060 人。保持“打虎”“拍蝇”高压态势，依法审理陈刚、任华等原省部级干部，周建强等原厅局级干部职务犯罪要案 25 件，依法惩处“小官巨贪”

犯罪行为，彰显有腐必惩、有贪必肃坚强决心。坚持行贿受贿一起打，一审审结行贿、介绍贿赂案87件95人，斩断“围猎”利益链。加大赃款赃物追缴力度，追缴到位2.8亿元，努力挽回国家和人民损失。

着力防范化解风险。一审审结金融案件9.8万件，标的额1082.5亿元，维护金融安全和市场秩序。会同省监委、人行南京分行建立预防打击洗钱犯罪协作机制，严惩内幕交易、洗钱等犯罪，对资本市场犯罪零容忍。审结涉众型经济犯罪案1238件，扬州中院一审审结“联宝”特大非法集资案，对主犯欧年宝顶格判处无期徒刑，责令退赔违法所得59亿元。妥善审理大型企业涉诉案件，协同推进重大风险化解处置。有效化解“淮海青年城”“花开富贵”等197家“问题楼盘”债务纠纷，协助购房人解决办证和子女入学等问题，防范化解房地产领域风险。

三、坚持人民至上，依法维护群众合法权益

强化民生司法保障。一审审结民事案件79.5万件，加强涉教育、就业、医疗、住房、社保等案件审理，努力增强群众司法获得感。秉持平衡保护理念，审结劳动纠纷案4.3万件，既保护劳动者合法权益，又尊重企业正当用工自主权；经最高人民法院批准在苏州设立全国首家劳动法庭，会同人社厅等部门联合制定实施意见，切实保护“快递小哥”等新业态劳动者合法权益。扎实开展根治欠薪行动，通过快审快执为农民工追回血汗钱11.6亿元。强化涉军司法服务，审结案件147件，维护国防利益和军人军属合法权益。依法审理群众身边的“小案”，妥善化解“进小区强制刷脸”“老小区加装电梯”“物业拒绝配合安装充电桩”等纠纷，努力把是非判清、规则判明、人心判暖。

加强“一老一小”司法保护。维护老年人合法权益，依法制裁“强行啃老”、理财骗局坑老害老行为，严惩虐待、遗弃老年人犯罪。陆老太将三套房产全部赠与孙女，孙女却拒不履行赡养协议，苏州法院依法支持老人撤销赠与；谢某等人勾兑自来水冒充保健品欺诈老年人，常州法院适用惩罚性赔偿判赔7000多万元。守护未成年人健康成长，在全国率先实现三级法院少年审判机构全覆盖，审结涉少案2.4万件，泰州、连云港中院和宿迁宿豫法院获评全国“青少年维权岗”。依法严惩侵害未成年人犯罪，对挑战法律和社会伦理底线、针对儿童的严重犯罪决不姑息。会同民政厅、财政厅等部门完善困境儿童分类保障制度，让涉诉困境儿童应保尽保。宿迁中院审结全国首例未成年人文身公益诉讼案，判令经营者停止侵害、赔礼道歉，净化青少年成长环境。开展心理疏导、法庭教育、回访帮教等延伸工作，努力让失足少年重归正途。会同省妇联等部门出台开展家庭教育指导工作的实施意见，盱眙法院在

《家庭教育促进法》施行当日发出全国首份“责令接受家庭教育指导令”，督促少年犯家长履行家教主体责任。会同教育厅、广电总台等多部门推出“法治第二课堂”，丰富“双减”政策后的“课后两小时”，运用“校园霸凌”等案例启迪学生法治思维，让孩子们知法守法、远离伤害。

全力兑现胜诉权益。落实中央综合治理执行难“一号文件”，开展调研式督察，推动从源头上切实解决执行难。全面升级江苏“854”执行模式，实现简案快执、难案攻坚，执结53.7万件，执行到位1109.6亿元。对有财产可供执行的案件，运用智能化手段千方百计查人找物，在线查询房产1664.6万套、车辆225.9万台，冻结资金733.8亿元，网拍变现425.2亿元。对暂无财产可供执行的案件，不轻言放弃，定期查询被执行人财产，恢复执行10.9万件，执行到位397.9亿元。开展执行领域突出问题专项整治，超30天未发放案款实现动态清零，违规执行案件全部整改到位，执行规范化水平显著提升。开展涉民生案件专项执行，执行到位53.3亿元。开展“冬季攻势执行直播行动”，在线观看人次超千万，对“老赖”形成强大震慑效应。

加强公益司法保护。一审审结公益诉讼案件359件，依法维护国家利益和社会公共利益。审结“辣笔小球侵害英烈名誉案”，判处被告人有期徒刑，责令公开赔礼道歉，树立了英烈不容诋毁、网络不是法外之地的鲜明导向，该案入选2021年度人民法院十大案件。会同省消保委等部门制定消费公益诉讼赔偿金管理办法；审结全国首例电视开机广告公益诉讼案，推动生产商设置开机广告“一键关闭”功能，保障消费者选择权。审结环境公益诉讼案263件，完善生态修复资金使用办法，累计建立28个生态修复基地，更好维护生态环境公共利益。

打造“家门口”式诉讼服务。推进诉讼服务向基层、向网络、向重点行业延伸，为当事人提供“就近能办、异地通办”诉讼服务，实现立案送达、案件查询、文书打印等事项跨区域远程办理、跨层级联动办理，网上立案67万件、跨域立案5230件。研发诉讼费电子票据系统，让当事人缴费、退费“码上办”。会同司法厅、省律协推广律师诉服平台，提供电子阅卷等35项服务，泰州、镇江地区实现应用全覆盖，网上办案成为律师参与诉讼新常态。

四、夯实法治根基，积极助推社会治理现代化

参与和推动诉源治理。创新发展新时代“枫桥经验”，法官进网格参与化解纠纷59.2万起，南京、扬州法院3.7万余人次到网格社区参与疫情防控、维护抗疫秩序。深化一站式多元解纷，强化诉讼与非诉讼衔接，诉前成功解纷37.3万起，增长85.7%。推行“示范诉讼+集中调解”机制，解决一个、化解一片。沛县法院通过示范调解一揽子化解3696户村民土地补偿纠纷。针对办案中发现的社会治理问题隐患，发送司法建议1524份，向党委政府报送专项报告821份，盐城法院建立“平安月报”制度，苏州法院创设全国首个县域基层治理司法指数，促进行业和基层治理。

加强人民法庭建设。发挥人民法庭前沿阵地作用，审结案件30.1万件，以“乡土司法”促进乡风文明。深化“一法庭一品牌”创建，“大玫法官说家事”“乡村法官驿站”等一批品牌深受群众欢迎。加强巡回审判，一枚国徽、一张桌子、一把法槌就地开庭1802场；宿迁骆马湖旅游法庭、赣榆渔家法庭把矛盾纠纷化解在港口码头、田间地头，马锡五审判方式在新时代焕发新活力。

推进行政争议实质化解。一审审结行政案件1.7万件，其中协调化解4251件。妥善审结城建类案件4239件，保障京沪高速扩容等重大工程项目顺利实施。联合司法厅健全行政机关负责人出庭应诉制度，出庭应诉率94.8%，盐城地区达100%。深化行政诉讼法律援助试点，提供援助的案件增长82.6%。向省委省政府报送行政审判年报，省政府常务会议研究年报意见建议；南通中院与依法治市办在全国首创行政行为自我纠正制度，促进源头化解争议，服务法治政府建设。

促进诚信社会建设。弘扬契约精神，一审审结合同案件61.4万件，维护守约方合法权益。严惩制售假冒伪劣商品行为，双善公司销售假冒“星巴克”咖啡，流入18个省份，无锡中院判处惩罚性赔偿2172万元。制定防范和惩治虚假诉讼实施意见，开展专项整治，严惩逃废债、“套路贷”等行为。分级分类惩戒失信行为，发布失信被执行人信息21.6万人次，限制消费40.2万人次，以拒执罪判处172人。完善守信激励修复机制，将已履行义务的11.3万人及时移出“失信黑名单”。镇江、南通、泰州、盐城等地法院深入开展与个人破产制度功能相当的改革试点，共为67名诚信的创业失利者提供东山再起的机会。

弘扬中华优秀传统文化和社会主义核心价值观。通过审理案件、发布案例、普法宣传，以公正裁判引领社会风尚。深化家事审判改革，融情于法，寓教于审，运用心理咨询、专业调解等方式化解矛盾，维护家庭和谐，弘扬文明家风；签发人身安全保护令281份，以法治力量摁住家暴的“拳头”。推进社会主义核心价值观融入裁判说理，“法结”“心结”同解，引导社会向上向善。泰州中院审结“女童热心助人致伤案”，判决5岁女童善意助人不担责，弘扬助人为乐精神。南通中院审结“老人超市拿鸡蛋被拦猝死案”，认定超市尽到安保义务，无须赔偿，杜绝“谁受伤谁有理”的“和稀泥”做法，1300万网友观看庭审直播，引发微博话题3次冲上热搜榜，阅读量达5.7亿次。成立中国法学会江苏案例研究基地，定期发布法治与德治相结合典型案例。制定法院“八五”普法规划，直播庭审63.7万场，以《民法典》为重点宣讲法治6000余场，发布新闻691场，与省妇联、广电总台等单位推出全国首部《民法典》普法剧《第十五法庭》，一堂堂生动的普法公开课，为法安天下、德润人心贡献了司法力量。

五、深化司法改革，不断提高审判质效和司法公信力

强化制约监督。坚持质量重于泰山，树牢“100－1＝0”意识，健全司法责任体系和权力运行机制，出台加强审判管理14条意见，压实院庭长办案和监督管理双重职责。完善法律统一适用机制，制定审理指南等7份业务文件，上线类案检索系统，智能推送类似案例，促进类案同判。发挥审判对侦查、起诉的制约作用，启动非法证据排除程序98次，依法宣告7件公诉案被告人无罪，裁定准予撤回刑事起诉、抗诉105件，切实保障人权。对改判、发回重审案件组织专项评查，推动法官惩戒制度实质化运行。

提高审判效率。以改革寻求破解人案矛盾。深化繁简分流改革，简易程序适用率上升8.4个百分点，总结改革成果，为《民事诉讼法》修改贡献了江苏智慧。以集中送达改革破解送达难，集中送达成功率83.9%，半数以上案件实现电子即时送达。优化审判团队配置，充实法官助理和书记员，推广审判辅助事务集约化管理，严格审限管理，加快办案节奏，案件平均审理时间减少18天。开展一年以上未结案件专项清理整治，此类案件减少42.2%。全省法官人均办案296.1件，增长16.6%。

深化智慧法院建设。制定信息化建设五年发展规划，运用科技手段提升审判质效，努力创造更高水平数字正义。健全电子证据、线上开庭规则，在线庭审10.7万场、在线调解19.1万件、网上查控165.1万件次。上线院庭长监督管理系统，智能管控案件流程节点，实现全程留痕、实时查询、及时追溯，让有权必有责、用权受监督落到实处。推广执行案件一键生成文书、一键网络查控、一键上网拍卖系统，大幅提升执行效率。江苏法院在智慧法院评价中居全国第2位，入选国家区块链创新应用试点。

六、全面从严管党治院，努力锻造忠诚干净担当法院队伍

开展党史学习教育。结合法院实际开展党史学习培训和庆祝建党百年活动，引导全体干警学党史、悟思想、办实事、开新局。举办学习“七一”重要讲话和六中全会精神专题研讨班，开办“75号青年学堂”，开展“老法院人讲优良传统”等活动，组织1.4万人次到红色教育基地实境见学，传承红色基因，赓续红色血脉。持续提升基层组织力，新沂法院机关党委获评“全国先进基层党组织”。融合推进“两在两同”建新功行动和“我为群众办实事”实践活动，办理实事2127件，为群众解决了一批“急难愁盼”问题。

开展队伍教育整顿。自下而上分两批次开展了一场刀刃向内、刮骨疗毒式的自我革命。将政治教育、警示教育、英模教育贯穿始终，组织开展140多场政治轮训，集中宣传85名身边的先进典型，坚决肃清王立科流毒影响，忠诚根基更加牢固。坚决清除害群之马，深挖彻查问题线索，查处利用司法权违纪违法人员72人，18人受到刑事处罚，对25名违纪违法的法官强制退额，让队伍肌体更加健康。坚决整治顽瘴痼疾，开展大排查大起底，广泛征求代表委员等意见建议，公布顽疾整治清单，完成284项整改任务。针对违规过问、说情打招呼，开展违反“三个规定”专项整治，广大干警“逢问必记”意识普遍增强；排查近30年来“减假暂”案件80余万件，依法纠正违规违法案件77件。会同司法厅开展“明镜”智能化排查，开发“特殊代理人风险预警”系统，防范离任人员违规代理案件。出台江苏法院八条禁令等28项制度机制，扎牢司法权运行的制度铁笼。

加强司法能力建设。制定“十四五”人才发展规划，完善审判业务专家培养管理机制，选调名校优生42人，遴选入额422人。强化专业训练和实践锻炼，组织培训14万余人次，完善交流轮岗制度，选派年轻干部到审执一线墩苗历练。4场庭审、8篇文书获评全国百优；3个案件入选全国法院年度十大案件，10个案例入选最高人民法院指导性案例和公报案例，均居全国首位。

自觉接受监督。向各级人大、政协报告专项工作332次，邀请代表委员监督、见证审判执行活动13605人次，省“两会”交办的建议、提案全部办结，满意率100%。南京中院创新人大代表选案旁听评议庭审机制，得到全国人大常委会主要领导批示肯定。自觉接受检察监督，审结刑事抗诉案件207件，改判、发回重审83件；审结民事、行政抗诉案件115件，改判、发回重审、调解92件；审结各类再审检察建议811件，采纳433件。

各位代表，过去的一年，广大法院干警忠诚履职践行初心使命，拼搏担当守护公平正义。他们中，有超负荷工作倒在执行路上的优秀共产党员杨增超，有揣着胃癌晚期诊断书坚守审判台的戴宜，有跳入冰冷河水勇救女童的全国“平安英雄”杜晓庞。全年共有282个集体、692名个人受到中央、最高人民法院和省有关部门表彰，42项工作受到省级以上领导批示肯定，26项工作在全国性会议上作经验交流。全省法院工作的发展进步，离不开省委坚强领导、省人大及其常委会有力监督、省政府大力支持、省政协民主监督、省监委和省检察院监督，离不开市县党政机关和各级人大代表、政协委员以及社会各界关心支持。

在此，我谨代表省法院一并表示衷心的感谢和崇高的敬意！

我们清醒地认识到，法院工作还存在一些问题和不足，主要是：服务高质量发展的实效还要增强，一些案件审判质量、效率、效果离人民群众期盼还有差距；司法责任体系和审判权制约监督机制仍需完善，司法作风和干警违纪违法问题仍然存在；人案矛盾仍然突出，高层次专业化审判人才培养力度有待加大。对此，我们将采取有力措施，努力加以解决。

2022年全省法院工作总体安排

新的一年，我们将坚持以习近平新时代中国特色社会主义思想为指导，深入贯彻习近平法治思想，全面贯彻党的十九大、十九届历次全会和省第十四次党代会精神，持续推进法院工作高质量发展，为坚决扛起“争当表率、争做示范、走在前列”光荣使命，奋力谱写“强富美高”新江苏现代化建设新篇章提供有力司法保障。

一是以更高站位强化政治建设。紧扣筑牢政治忠诚，常态化开展党史学习教育，组织开展“深刻领悟‘两个确立’，坚决做到‘两个维护’”主题教育，始终做到维护核心、绝对忠诚、听党指挥、勇于担当。推进“两个坚持”专题教育常态化，坚持党对法院工作绝对领导，坚持走中国特色社会主义法治道路。

二是以更强担当服务发展大局。聚焦提升法治和诚信核心竞争力，推进南京法治园区建设，积极参与优化营商环境提升行动；加强产权司法保护，促进企业家依法经营、放手发展；加强新领域新业态和“卡脖子”关键核心技术司法保护，服务科技自立自强和数字经济发展；加强环境资源专门化审判和流域区域司法协作，服务生态优先绿色发展；提升涉外司法质效，努力建设国际商事争端解决新高地。依法惩治刑事犯罪，常态化扫黑除恶，防范化解矛盾风险，维护社会安全稳定。

三是以更实举措践行为民宗旨。树牢正确司法理念，兼顾国法天理人情，准确适用《民法典》，加强民生司法保护，扎实促进共同富裕，努力满足人民群众对美好生活的向往。巩固一站式建设成果，推进“切实解决执行难”，开展“为群众办实事示范法院”创建活动，让人民群众切实感受到公平正义就在身边。

四是以更大力度推进司法改革。深入推进审级职能定位改革和司法责任体系建设，完善司法权运行和制约监督机制。深化以审判为中心的刑事诉讼制度改革，严格依法适用认罪认罚从宽制度。加强智慧法院建设，以科技促公正、向科技要效率。

五是以更严要求锻造过硬队伍。巩固深化队伍教育整顿成果，以党建带队建促审判，健全完善高素质审判人才选拔培养机制，充实审判辅助力量。驰而不息正风肃纪反腐，让制度长牙带电、铁规发力生威。坚持严管厚爱结合，加强依法履职激励保障。

各位代表，新的一年，我们将在省委坚强领导下，在省人大及其常委会有力监督下，认真落实本次大会决议，以钉钉子精神做好工作，以高质量司法的实际行动迎接党的二十大胜利召开！

2022 年全省法院工作要点

2022 年全省法院工作总要求是坚持以习近平新时代中国特色社会主义思想为指导，深入贯彻习近平法治思想，全面贯彻党的十九大和十九届历次全会精神，认真贯彻习近平总书记重要指示精神，弘扬伟大建党精神，深入领会“两个确立”的决定性意义，增强“四个意识”、坚定“四个自信”、做到“两个维护”，坚持党对法院工作绝对领导，坚持以人民为中心发展思想，坚持稳中求进工作总基调，坚持统筹发展和安全，以为党的二十大胜利召开创造安全稳定政治社会环境为主线，围绕“努力让人民群众在每一个司法案件中感受到公平正义”目标，坚持服务大局、司法为民、公正司法，深化司法体制改革和智慧法院建设，持续推进高质量司法，努力建设更高水平平安江苏、法治江苏，为扛起“争当表率、争做示范、走在前列”光荣使命，谱写“强富美高”新江苏现代化建设新篇章提供坚强有力司法保障，以实际行动迎接党的二十大胜利召开。

一、牢牢坚持党对法院工作绝对领导

1. 坚决捍卫“两个确立”，做到“两个维护”。始终把坚决做到“两个维护”作为首要任务，加强忠诚教育，严明政治纪律，做到思想上充分信赖核心，政治上绝对忠诚核心，行动上始终紧跟核心，工作上坚决维护核心。深入贯彻《中国共产党政法工作条例》及省委实施意见，严格落实请示报告等制度，完善贯彻中央、省委决策部署跟踪问效机制，确保贯彻执行不偏向、不变通、不走样。

2. 持续强化理论武装。坚持不懈用习近平新时代中国特色社会主义思想武装头脑，紧紧围绕迎接二十大、学习宣传二十大，通过党组会、党组理论中心组集体学习、“三会一课”等载体，不断把学习引向深入。深学笃行习近平法治思想，将其作为教育培训核心课程、必训内容，抓好全员政治轮训，实施青年理论学习提升工程，教育引导广大干警自觉做习近平法治思想的坚定信仰者和忠诚实践者。

3. 坚定不移推进全面从严治党。深入推进党风廉政建设和反腐败斗争，持续抓好省委巡视反馈问题整改落实，健全完善上级法院参与地方党委巡察下级法院工作机制。

4. 坚决维护司法领域意识形态安全。严格落实意识形态工作责任制，教育引导广大干警坚决抵制西方“宪政”“三权鼎立”“司法独立”等错误思潮，加强意识形态风险点排查和分析研判，严格落实“三同步”工作要求，提高舆情防范处置能力水平。

二、着力推进更高水平平安江苏建设

5. 依法严惩各类刑事犯罪。依法严惩渗透颠覆破坏、暴力恐怖、涉政网络谣言等犯罪，坚决捍卫国家政权安全、制度安全、意识形态安全。严厉打击故意杀人、强奸、涉枪涉爆等严重暴力犯罪，严厉打击盗抢骗、黄赌毒以及涉食药环领域犯罪，进一步加大电信网络诈骗犯罪打击力度，积极参与禁毒综合治理。严厉打击操纵证券期货市场、内幕交易、洗钱等犯罪，妥善审理非法集资等涉众型经济犯罪案件。依法惩处危害安全生产犯罪，妥善审理重大挂牌督办案件。

6. 常态化开展扫黑除恶斗争。依法从严打击黑恶势力及其“保护伞”，抓好省扫黑办挂牌督办等重大敏感黑恶案件办理。落实涉黑涉恶案件分级监督指导机制，加快办案节奏。贯彻落实《反有组织犯罪法》，制定实施方案，组织专题培训，加大宣传力度，促进有效实施。对“黑财”处置难点堵点问题开展调研，积极参与涉案财物跨部门集中管理中心建设试点工作，推动解决财产处置难题。

7. 保持严惩腐败犯罪高压态势。自觉融入廉洁江苏建设，持续完善监察与刑事司法衔接机制，抓好职务犯罪案件特别是最高人民法院指定管辖案件审判工作。依法严惩基础设施建设、公共资源交易等方面腐败犯罪，助力推进金融领域腐败治理，积极参与粮食购销等领域腐败专项整治，加大对群众身边腐败犯罪惩治力度。落实受贿行贿一起查的意见，加大对行贿犯罪惩治力度。用足用好法律手段，积极配合反腐败国际追逃追赃工作。深入分析职务犯罪特点规律，助力不敢腐、不能腐、不想腐一体推进。

8. 防范化解各类风险隐患。密切关注涉经济金融、征地拆迁等领域纠纷案件，及时预见复杂敏感案事件中的风险隐患，把握好工作时度效，坚持依法办案，防止矛盾激化和负面炒作。对发现的重大风险隐患及时向党委政府报告，促使风险隐患消灭在萌芽状态。扎实开展“涉诉信访突出问题攻坚化解年”行动，推动有效解决信访群众合法合理诉求，确保实现“四下降、四提升、四个不发生”工作目标。加强与金融管理部门、行业协会、调解组织协同联动，依法妥善做好大型企业债务、“问题楼盘”等风险处置化解工作。

9. 切实加强司法安全工作。强化“人防、物防、技防”措施，加强对诉讼服务大厅、审判法庭、人民法庭等重点部位和押解、执行、信访等重点环节安全保护，妥善处置突发事件，确保审判安全、执行安全、干警人身安全、法院机关安全。落实常态化疫情防控工作要求，健全完善及时响应、统筹调度、应急处置等制度机制，确保防控各项措施落到实处。对文书制作上网、庭审直播严格把关，认真落实制度要求和技术规范，坚决避免引发负面舆情。加强保密教育和安全管理，筑牢网络安全和数据安全防火墙。

三、服务保障经济社会高质量发展

10. 服务加快科技自立自强。坚持最严格知识产权司法保护，精准适用惩罚性赔偿制度，加大对“卡脖子”关键核心技术及新兴产业、重点领域、种源司法保护力度。高标准筹建无锡、徐州知识产权法庭，完善提级管辖重大技术类案件机制。开展计算机软件相关法律问题研究，加强互联网、大数据、人工智能等领域知识产权司法保护，加强反垄断和反不正当竞争司法，依法规制平台强制“二选一”“大数据杀熟”等行为，依法审慎审理涉科研经费案件，助力我省数字经济发展。举办首届“智峰论坛”，组织开展好“4·26世界知识产权日”大型集中主题宣传活动。

11. 着力优化法治化营商环境。认真落实我省营商环境改革事项清单，积极参与优化营商环境行动，做好营商环境评价“执行合同”与“办理破产”指标评价有关工作。加快建设南京法治园区。深入开展涉企积案大清理大化解行动。扎实开展“优化营商环境执行年”专项行动。加大产权司法保护力度，依法平等保护民营企业和企业家合法权益，助力中小微企业发展。深化商事纠纷多元化解，推广行业协会、商会调解，支持仲裁机构发挥作用。健全市场主体救治和退出机制，深入推进破产审判和“执转破”工作，推动健全财产查询解封、信用修复、不动产处置等企业破产处置协调联动机制。加强行政审判，支持行政机关整顿违法经营，规范市场秩序。推动完善矛盾化解、执行联动等司法协作机制，促进优化长三角区域营商环境。

12. 服务美丽江苏建设。坚持用最严格制度最严密法治保护生态环境，助力深入打好污染防治攻坚战，服务生态优先绿色发展。开展碳达峰碳中和相关法律问题研究，妥善做好司法应对。深入落实《长江保护法》和长江“十年禁渔”重大决策，严厉打击长江流域污染环境违法犯罪，推进淮河生态经济带环境资源一体化保护，加强太湖、洪泽湖等流域生态环境司法保护。深化“9 +1”机制改革，完善环境资源审判组织机构，系统总结三年改革经验，推进环境司法裁判规则体系化。

13. 服务诚信江苏建设。依法惩治恶意拖欠账款和逃废债行为，依法严惩合同诈骗、串通投标、商业贿赂等犯罪，倡导诚信经营，制裁违法失信。依法严惩涉税违法犯罪，加强执法司法衔接配合，引导全社会树立依法纳税正确导向。健全完善失信惩戒与信用修复机制，推动社会信用信息资源整合、惩戒系统集成。稳妥有序推进“与个人破产制度功能相当的改革试点”，坚持正确方向和原则，聚焦规则探索，做好试点经验总结推广。依法惩治虚假诉讼、恶意诉讼，推动诉讼诚信建设。

14. 持续打造涉外商事海事争端解决优选地。完善涉自贸试验区案件管辖审判机制，支持苏州国际商事法庭率先建设诉讼、仲裁、调解有机衔接的跨境商事争议解决中心。积极融入国际海事司法中心建设，建立健全解决海事审判专业技术难题工作机制，完善海事审判“三合一”机制，持续提升海事审判质效和国际影响力，做好省人大常委会专项审议相关工作。依法审理好具有规则指引作用、有助于推动涉外法治进程的典型案件，推动在相互承认和执行商事判决、正确适用国际规则等方面取得新成效。

四、不断满足人民群众高品质生活需要

15. 强化民生司法保障。开展“为群众办实事示范法院”创建。扎实办好政法惠民实事。加强住房、医疗、养老、教育、婚姻家庭、社会保障等民生领域案件审理。依法维护劳动者公平就业权利，健全治理欠薪问题长效机制，推动建立完善劳动人事争议“总对总”在线诉调对接机制。探索消费权益保护联席机制。开展“钢铁长城、齐心共筑”涉军维权品牌创建。组织开展特殊群体救助帮扶和妇女儿童权益保障问题专项排查整治行动，严厉打击性侵、虐待、拐卖未成年人以及校园欺凌等违法犯罪行为，持续推进未成年被害人及涉案困境儿童保护救助，切实做好心理疏导、帮扶帮教等延伸工作。加强国家赔偿审判和司法救助工作，统一国家赔偿案件裁判尺度，规范救助范围标准，完善经费保障机制，强化与社会救助协同联动。高质量推进“八五”普法工作，通过现场宣讲、发布典型案例等方式，大力弘扬中华优秀传统文化和社会主义核心价值观。

16. 巩固提升人民法庭建设成果。深入贯彻“三个便于”“三个服务”原则，推广设立司法服务乡村振兴实践基地，深化“一法庭一品牌”创建。依法审理涉农村土地“三权分置”纠纷等案件。加快推进人民法庭一站式建设,积极创建一批“枫桥式人民法庭”。落实法院领导工作联系点、经常性到人民法庭调研等机制,推动解决发展不平衡等问题。

17.巩固提升一站式建设成果。按照最高人民法院统一部署,结合江苏法院实际,做实源头减量、“三进”强基、多元增效、智慧诉服、最优窗口等五项重点工程。紧紧依靠党委领导,以各级社会治理现代化智慧中心和综治中心、网格化管理服务中心一体化建设为契机,推动法院诉讼服务、诉前调解、司法确认、速裁快审机制与人民调解、行政调解、仲裁、公证等非诉讼纠纷解决机制深度融合。持续推进全域诉讼服务改革,优化服务平台,规范办事流程,落实“一次办好”标准,在全面实现市域联办基础上,尽快实现省域联办。推广应用律师服务平台,深化跨域(境)立案、在线委托送达、在线保全鉴定、网上调解、网上开庭等平台应用。加快推进12368热线全省集中部署,建立全省法院诉讼服务“总客服”。

18.健全解决执行难长效机制。对照《人民法院执行工作纲要(2019—2023)》补短板、强弱项,健全执行难综合治理源头治理机制,深入推进“854”模式升级版落实落细,完善网络执行查控机制和执行财产处置机制,推广“物联网+执行”,规范执行措施运用和执行款物管理,及时兑现胜诉当事人合法权益。深化“三统一”执行体制机制改革,落实执行信访实质化办理、执行督办、“一案双查”工作机制,完善执行局长述责述廉和每周例会制度。深化审判权与执行权相分离体制改革,健全基层法院执行裁判职能在同一设区市统一归口在同一民商事审判部门等配套机制,不断提升执行裁判案件质效,促进高效公正规范文明执行。推动成立省法学会执行理论研究会。

五、持续深化司法改革和智慧法院建设

19.推进审级职能定位改革试点。完善案件提级管辖具体标准、发现机制和识别方式,探索建立当事人申请提级管辖机制。改革再审申请程序,完善申请受理、案件分配、卷宗移送等工作流程。加强案件实质化解,切实提升一审、二审服判息诉率。优化司法资源配置,在对各地法院人员编制、案件数量、员额比例、法官人均办案数量等调研摸底的基础上,对法官员额作适当调配。

20.规范司法权运行机制。突出法官办案主体地位,将办案人员权责清单嵌入日常办案和考核工作。完善院庭长办案机制,推动院庭长带头办理重大复杂敏感、新类型和在法律适用方面有普遍指导意义的案件。落实最高人民法院关于法官考核工作的意见及配套制度，科学设定考核指标方法，进一步强化考核结果运用。

21. 完善司法权制约监督机制。进一步完善院庭长对“六类案件”重点监督、对非“六类案件”有效管理、案件智能化监督管理等机制，探索建立院庭长履行监督管理职责考评追责机制。建立健全法律适用分歧解决机制，严格落实类案强制检索报告制度，推动裁判尺度统一。进一步健全法官惩戒工作机制，完善提请审查、审议决议、权利救济等程序规则，加强司法惩戒与纪检监察的程序衔接，持续推进法官惩戒制度实质性运作。

22. 深化诉讼制度改革。深化民事诉讼制度改革，贯彻修改后的《民事诉讼法》，总结推广繁简分流改革试点经验，完善配套机制和措施。深化以审判为中心的刑事诉讼制度改革，完善类型化刑事案件证据标准和程序规范；正确适用认罪认罚从宽制度，准确把握适用范围和条件、证据标准、量刑尺度以及上抗诉处理标准，强化诉讼权利保障；规范刑事速裁案件办理，提升案件质量，破解繁简分流难题。积极推进行政诉讼程序繁简分流改革，完善行政诉讼案件集中管辖配套机制，推动行政诉讼法律援助省域全覆盖，总结南通中院与依法治市办建立行政行为自我纠正制度工作经验，条件成熟后予以推广。

23. 深化智慧法院建设。落实省法院信息化建设五年发展规划，加强应用系统整合优化，不断拓展5G、人工智能等信息技术在司法领域的应用，做好国家区块链创新应用试点工作。认真落实在线诉讼规则，合理适用在线审理机制，保障当事人知情权、选择权，做到“降成本不降质量、提效率不减权利”。升级完善江苏法院数据中心和司法大数据智能分析系统，提升数据深度挖掘应用能力，切实发挥数据辅助决策作用。

六、努力锻造忠诚干净担当法院铁军

24. 扎实开展“深刻领悟‘两个确立’决定性意义，坚决做到‘两个维护’”主题教育。把主题教育作为加强法院队伍政治建设的重要抓手，教育引导广大干警坚决做到维护核心、绝对忠诚、听党指挥、勇于担当。推进“两个坚持”专题教育常态化，推动党史学习教育常态化长效化，不断筑牢政治忠诚思想根基。深化“十严查十整治”，持续肃清王立科流毒影响。坚持抓党建带队建，深入推进党支部标准化规范化建设，积极开展优秀党建品牌、党建创新案例评选，更好推动党建工作与业务工作深度融合。

25. 持之以恒正风肃纪反腐。深入贯彻中央八项规定及其实施细则精神和省委具体办法，锲而不舍纠“四风”树新风。精简会议文电、改进文风会风，严格规范简报编发，切实为基层减负。巩固深化队伍教育整顿成果，常态化开展顽疾整治，强化顽疾动态排查，建立年度执法司法问题个人自查事项填报制度，持续深入整治拖延办案、消极执行等问题，持续深入整治滥用裁量权、违规查封扣押冻结、违法办理“减假暂”案件等问题，持续深入整治法官与律师不正当交往、离任法官违规从事律师职业。紧盯庭审、诉讼服务和裁判文书制作上网三个环节，扎实开展司法作风突出问题集中整治。加大内部督察力度，常态化开展审务督察，精准开展专项督察。用好监督执纪“四种形态”，严格落实向纪检监察机关移送问题线索机制，做到有案必查、有腐必惩。严格执行防止干预司法“三个规定”、新时代政法干警“十个严禁”、江苏法院系统“八条禁令”等铁规禁令，开展“三个规定”执行情况专项检查行动。深入开展廉政教育，深刻汲取违纪违法案件教训，以案明纪、以案为鉴、以案促改。

26. 认真落实全省法院“十四五”人才发展规划。深入推进“五好五强”领导班子建设。教育引导干警加强自身修养，提高综合素质。健全高素质专业人才培养机制，强化审判业务专家梯次培养，加强干部上挂下派交流锻炼，落实干警交流轮岗机制，着力加强知产、环资、金融、涉外商事海事审判专业人才队伍建设。发挥全省法院调研联系点和调研人才库作用，进一步提升调研能力水平。总结法官助理分阶培养改革试点经验，研究制定全省法院法官助理分阶培养指导意见，建立健全书记员省级统筹、按需定额、动态调整制度，充实优化审判辅助力量。完善青年人才选育管用全链条机制，持续推进名校优生选调，加快建设高层次、复合型审判领军人才青年后备军。落实《2022年度全省法院系统干部教育培训计划》，加强教育培训工作，组织开展法官、检察官、人民警察、律师联合培训，促进提升履职能力水平。

27. 全面落实鼓励激励、关心关爱法院干警各项措施。健全英模选树宣传常态化机制，深入开展向英模学习活动。健全符合法院工作规律的容错纠错机制，落实履行法定职责保护机制和不实举报澄清机制。健全干警受到侵害救济保障机制，构建关爱牺牲伤残干警家庭的常态化机制。做好荣誉天平奖章颁发工作。组织开展全省法院干警身心健康状况调查，更好落实干警带薪休假、定期体检、心理疏导等措施；关心关爱老同志，全心全意做好离退休干部工作。

七、扎实做好综合服务保障工作

28. 高质量做好综合服务保障工作。深入落实《国家“十四五”期间人民法院司法保障工作发展规划纲要》，全面提升司法保障工作水平。加强管理监督，规范委托鉴定、保外就医组织诊断等工作。扎实推进现代化司法政务体系建设。加强司法警察实战化训练，常态化开展警务督察，提升警务保障能力。继续做好援藏援疆工作。

八、自觉主动接受监督

29. 以监督为动力加强和改进法院工作。结合法院重点工作开展代表委员联络，完善落实院领导结对联络机制，推广人大代表选案旁听评议庭审机制，扎实做好全国、省两会各项工作。做好代表委员建议提案和关注案件办理工作，健全代表委员意见建议转化机制。加强与同级检察机关沟通协调，完善配合检察机关法律监督工作机制，规范检察监督案件办理。加强特约监督员工作，多形式多途径邀请特约监督员调研法院工作。

江苏省高级人民法院　江苏省人民检察院 江苏省公安厅　江苏省司法厅 关于建立健全省级减刑、假释、暂予监外执行工作联席会议制度的意见

（苏高法〔2021〕206号　2021年11月18日）

为加强公、检、法、司在减刑、假释、暂予监外执行工作中的协作配合，统一执法尺度，提高案件办理质效，构建长效沟通协作机制，推动我省减刑、假释、暂予监外执行工作健康有序发展，现就建立健全减刑、假释、暂予监外执行工作联席会议制度形成如下意见。

一、主要职责

省法院、省检察院、省公安厅和省司法厅分工负责，在坚持相互监督制约的基础上，各司其职、深化联动配合，不断破解刑罚变更执行工作难点、堵点问题，协调推进以下重点工作，保障刑罚目的实现。

1. 统一办案理念和执法标准。增强理念共识，坚持宽严相济，强化实质化审查，实体公正和程序公正并重，切实保障刑罚目的实现。统一裁判尺度和执法办案标准，精准理解和适用减刑、假释、暂予监外执行相关法律法规和司法政策，切实提高办案质量和工作水平，提升司法公信和司法权威。

2. 构建以审判为中心的实质化审查机制。严格把握减刑、假释、暂予监外执行实体条件，坚持全面审查、主客观统一原则，加强证据材料审查，规范罪犯病情鉴定、审核。创新减刑、假释、暂予监外执行办理机制，扩大开庭审理、听证案件范围，完善庭审、听证审查内容，实现审理的实质化。严格落实“四个一律”要求，严控节点流程，规范案件办理的征求意见、定案把关、交付执行等程序环节，保障刑罚执行的公平公正。

3. 强化社区矫正衔接配合机制。进一步加强社区矫正适用、决定接收、监督管理、执行变更等项工作的衔接配合，确保社区矫正依法施行、规范运行。

4. 畅通争议事项会商流程。对于案件办理中共性争议问题，及时会商解决，消弭分歧，确保全省减刑、假释、暂予监外执行案件办理尺度统一。

5. 建立排查整治常态化机制。坚持开展常态化排查整治。在各政法单位定期开展案件排查整治活动基础上，适时开展年度或专项联合排查整治，有效发现违法违规、确有错误的案件，及时整治存在的问题，促进减刑、假释、暂予监外执行工作的规范化。

6. 完善舆情协同处置制度。各政法机关对于发现的涉及减刑、假释、暂予监外执行案件的重大舆情，及时相互预警通报，依法处理并做好舆情引导、应对工作，有效防范化解舆情风险。必要时共同研究制定处置方案，积极稳妥应对，形成舆情防控合力。

7. 提高信息化协作办案水平。进一步升级全省减刑、假释信息化协同办案平台功能，扩大信息共享范围，力争网上办案全覆盖。积极探索利用技术手段，进行减刑、假释条件要素智能筛查，规范暂予监外执行工作管理，助推案件依法、公正、高效办理。

8. 优化联合调研培训方式。加强减刑、假释、暂予监外执行工作理论和实践调研。坚持问题导向，针对突出问题开展联合调研，协力破解工作难题。通过同堂培训、互派讲师、互留培训名额等方式加强合作，达成更多共识，共同提高办案能力和水平。

9. 深化司法公开、宣传工作。落实减刑、假释、暂予监外执行工作司法公开要求，统一案件依法公示、文书上网范围，接受社会监督。积极宣传减刑、假释、暂予监外执行法律政策规定和工作举措。通过召开联合新闻发布会、发布典型案例、报道专项活动等方式，传递正能量，消除社会公众合理怀疑，增进对减刑、假释、暂予监外执行工作的理解与支持。

二、组织架构

10. 联席会议成员单位由省法院、省检察院、省公安厅、省司法厅、省监狱管理局共同组成。召开联席会议时，根据工作需要，也可以邀请其他有关单位、部门参加。联席会议的牵头单位为省法院。

11. 联席会议办公室设在省法院，作为联席会议日常工作机构。办公室主任由省法院院领导担任。

12. 各成员单位承担减刑、假释、暂予监外执行职能的相关职能部门（单位）分别指派一名同志担任联络员，负责日常联络和信息报送工作。

成员单位分管领导、相关职能部门（单位）负责人、联络员有变动时，应及时告知各成员单位。

三、议事规则

13. 联席会议由各成员单位轮流承办，原则上每半年召开一次，具体时间由牵头单位与各成员单位商定。成员单位有临时议题需要提交讨论的,可以提请召开临时会议。根据需要,会议由牵头单位负责人或职能部门(相关单位)负责人召集并主持。

14. 联席会议召开之前,各单位根据工作实际,进行充分的调研准备,酝酿确定需要提交联席会议讨论的议题草案和事项。牵头单位应当召集联络人会议商定会议的出席人员、会议议题和议程,并在会议召开十日前告知各成员。

四、工作要求

15. 联席会议以会议纪要形式明确会议议定事项。会议纪要由牵头单位或议题提出单位起草,征求其他与会单位意见后印发。会议纪要由起草单位报送省委政法委。

各成员单位下发的减刑、假释、暂予监外执行工作文件应当及时抄报联席会议办公室。

16. 各成员单位认真执行联席会议确定的工作部署和议定事项,及时向成员单位通报有关情况。充分发挥联席会议的作用,凝聚执法、司法合力,不断提升全省减刑、假释、暂予监外执行工作水平。

江苏省高级人民法院　江苏省知识产权局关于建立知识产权纠纷在线诉调对接机制的通知

(苏知发〔2021〕124 号　2021 年 10 月 29 日)

各市中级人民法院、各具有知识产权案件管辖权的基层人民法院,各设区市知识产权局:

为贯彻落实《省委办公厅　省政府办公厅关于强化知识产权保护的实施意见》(苏办发〔2020〕30 号),根据《最高人民法院办公厅　国家知识产权局办公室关于建立知识产权纠纷在线诉调对接机制的通知》(法办〔2020〕441 号)要求,江苏省高级人民法院、江苏省知识产权局决定联合开展知识产权纠纷在线诉调对接工作。现将有关事项通知如下:

一、总体要求

(一)指导思想

坚持以习近平新时代中国特色社会主义思想为指导,认真贯彻习近平总书记关于知识产权工作的系列重要讲话精神、“坚持把非诉讼纠纷解决机制挺在前面,从源头上减少诉讼增量”重要指示精神以及视察江苏重要讲话指示精神，贯彻落实党中央、国务院关于强化知识产权保护和完善矛盾纠纷多元化解机制的决策部署，全面推进一站式多元解纷和诉讼服务体系建设，充分发挥知识产权纠纷调解对司法审判、行政执法辅助功能，进一步优化全省营商环境，不断满足人民群众多元的纠纷解决需求。

（二）工作原则

坚持整体联动，协作互助。各级人民法院、知识产权局加强协作，积极推进本地知识产权保护中心、快速维权中心、维权援助中心、知识产权社团、行业协会等专业机构建立知识产权纠纷调解组织，指导调解组织健全纠纷调解机制，开展知识产权纠纷事前、事中调解。

坚持依法保护，自愿调解。各级人民法院、知识产权局推进知识产权纠纷调解，应当遵循当事人自愿原则，不得强行调解，不得损害国家利益、集体利益和第三方合法权益，充分保障当事人依法享有的民事救济和行政救济权利。

坚持服务创新，高效便民。各级人民法院、知识产权局推进知识产权纠纷在线调解，要突出服务创新，充分应用现代信息技术，加强调解网络建设，建立健全服务网络，为当事人解决知识产权纠纷提供高效便捷的服务支撑。

（三）目标任务

“十四五”期间，形成司法审判、行政裁决、多元调解协调联动的知识产权纠纷化解机制。建成知识产权纠纷调解在线服务平台，建设一批行业性、专业性知识产权纠纷调解组织，打造一支法律素养好、专业水平高的知识产权纠纷调解员队伍，全省知识产权纠纷在线调解工作普遍开展，知识产权纠纷化解诉调对接机制更加完善，知识产权保护效能更加突显。

二、工作内容

（一）推进调解组织和调解员队伍建设。依托现有知识产权行业组织、服务机构和人员，设立一批知识产权纠纷调解组织，建立一支知识产权纠纷调解员队伍。知识产权局系统调解组织和调解员推荐工作由各市知识产权局负责，优先从本地区知识产权保护中心、快速维权中心、维权援助中心、知识产权社团、行业协会中推荐。法院系统调解组织和调解员推荐工作由各市中级人民法院负责，优先从本地区与知识产权工作相关的法律社团、律师协会、调解机构中推荐。各市推荐的调解组织和调解员应当从事知识产权工作 3 年以上，且具有开展知识产权公益服务的良好基础条件，具备良好的法律素养、知识产权专业素质和职业操守。各设区市知识产权局、中级人民法院分别推荐调解组织 2—3 个，每个调解组织推荐调解员 3—5 人。省高级人民法院和省知识产权局对调解组织和调解员联合认定并发放聘书。

（二）加强在线调解平台建设。省高级人民法院指定“人民法院调解平台·江苏微解纷”（网址：https://odr.jsfy.gov.cn）作为全省法院系统受理的知识产权民事纠纷在线调解工作平台，开展知识产权纠纷案件诉前、诉中调解。省知识产权局指定“江苏省专利行政裁决系统”（网址：https://ip.jsipp.cn）作为全省知识产权行政执法案件在线调解工作平台，开发“知识产权纠纷在线调解”功能模块，开展知识产权纠纷行政调解。调解组织和调解员需入驻上述平台，接受人民法院或知识产权行政执法机关委派、委托，开展知识产权纠纷在线调解。省高级人民法院、省知识产权局加强信息化建设，推进平台间的工作对接，进一步完善调解服务功能，做到数据共享、资源共用、形成工作合力。

（三）推进知识产权纠纷在线调解。各级人民法院、知识产权局委派、委托调解组织在线调解知识产权纠纷按照属地原则组织实施。在案件立案前、案件审理或处理时，双方当事人均同意调解的，可以委派调解组织先行调解或委托调解组织调解。实施调解时，应当严格按照《中华人民共和国人民调解法》规定的程序进行，在指定的调解平台上组织双方当事人进行调解，并将调解结果录入调解平台。

（四）推进调解结果司法确认。各调解组织接受人民法院或知识产权局委派、委托调解知识产权纠纷，达成协议的，应当告知双方当事人可以依法向人民法院申请司法确认。探索依当事人申请的知识产权纠纷行政调解司法确认。针对专利、商标侵权及其损害赔偿，职务发明创造的发明人、设计人奖励和报酬，发明专利临时保护期使用费纠纷，各级知识产权局实施行政调解，达成调解协议的，应当告知当事人可以依法向人民法院对行政调解协议进行司法确认，当事人双方同意的，可以按照前述规定，申请司法确认。经调解组织线下调解成功的案件，能够进行司法确认的，也可通过调解平台进行在线司法确认。

（五）加强调解能力建设。各级人民法院、知识产权局要建立健全知识产权纠纷调解协作机制，加强业务协作，共同指导调解组织加强内部管理，严格执行《中华人民共和国人民调解法》等规定，提高知识产权纠纷调解制度化、规范化、专业化水平。要加强对调解员法律法规和实务技能培训，不断提升调解员调解业务能力和水平，建设一支专业素质高、业务能力强的调解员队伍。

三、工作要求

（一）加强组织领导。推进知识产权纠纷调解是健全知识产权纠纷多元化解机制，深化知识产权领域“放管服”改革，构建知识产权大保护格局，强化知识产权保护的重要举措，已纳入中央对地方党委政府知识产权保护工作的考核内容。各级人民法院、知识产权局要高度重视，切实加强组织领导，明确分管负责人、部门负责人和联络员。强化部门职责，健全工作制度，形成各负其责、齐抓共管的联动机制，推动知识产权纠纷在线调解工作常态化、长效化。

（二）加强工作协调。各级人民法院、知识产权局要建立知识产权纠纷诉调对接联席会议制度，交流在线诉调对接工作的推广应用情况，总结在线调解工作成效、做法与经验，分析研究存在的问题与困难，提出下一步工作举措。加强对推荐的调解组织和调解员的日常管理及信息维护。调解工作中的重大问题、重要事项及时向省高级人民法院、省知识产权局报送，推动知识产权纠纷在线调解工作落细落实，抓出成效。

（三）加强指导监督。省高级人民法院、省知识产权局加强调解工作的指导、检查和考核，根据工作实际从入驻调解平台组织和人员、矛盾纠纷化解数量、调解成功率等方面科学评估调解工作开展情况。对参与调解工作表现突出的调解组织和调解员给予表彰和奖励，引导调解组织和调解员优质高效参与知识产权纠纷多元化解工作。

（四）加强实施保障。各级人民法院、知识产权局要积极创造条件，为本地调解组织开展知识产权纠纷调解工作提供设施、经费等条件保障。积极争取党委、政府支持，将知识产权纠纷调解工作相关经费列入财政预算统筹考虑，推动将调解经费作为社会管理服务内容纳入政府购买服务指导性目录。

（五）加大宣传引导。充分利用报刊、广播、电视、互联网等媒体，加强对知识产权纠纷事前、事中调解工作宣传，提升知识产权纠纷在线调解平台在各类创新主体、市场主体、知识产权权利人中的知晓度，引导当事人主动、自愿选择在线调解方式化解知识产权纠纷，推动知识产权纠纷在线调解工作有效开展，为强化知识产权保护，维护知识产权权利人的合法权益提供更加便民利企的服务支撑。

江苏省高级人民法院关于印发《关于进一步加强立案工作提升服务质效的意见》的通知

（苏高法〔2021〕208 号　2021 年 11 月 22 日）

各市中级人民法院、南京海事法院、徐州铁路运输法院、各基层人民法院、本院各部门：

为认真贯彻落实习近平法治思想，深入开展政法队伍教育整顿和“我为群众办实事”实践活动，进一步加强立案工作、改进工作作风、提升服务质效，省法院制定了《关于进一步加强立案工作提升服务质效的意见》。现予以印发，请认真组织学习，切实抓好贯彻落实。

关于进一步加强立案工作提升服务质效的意见

为认真贯彻落实习近平法治思想，深入开展政法队伍教育整顿和“我为群众办实事”实践活动，进一步加强立案工作、提升服务质效，努力为人民群众提供普惠均等、便捷高效、智能精准的高品质诉讼服务，现结合全省法院立案信访工作实际，制定本意见。

一、落实现场立案一次办结

1. 立案指引一步到位。公开登记立案流程和《立案材料公示清单（试行）》，提供诉状样本，加强诉讼风险提示，为当事人起诉提供示范和指引。设置导诉台，配备导诉员，在显著位置张贴立案自助登记指引，做好当事人办理立案事务的引导工作。

2. 立案业务一窗通办。在诉讼服务大厅设立“全域诉服”窗口，不再区分诉讼服务事项类型，依托全域诉服平台，实行一个窗口统一办理各类案件立案登记、跨域（跨境）立案、财产保全和司法鉴定申请受理、案件查询、诉讼咨询、预约服务、投诉建议等诉讼服务，实现立案申请“一窗通办”。

3. 立案材料一次告知。严格落实一次性全面告知要求，对起诉状内容或者起诉材料欠缺的，应当给予指导和释明；当场无法解决的，出具收件清单，将需要补正的材料和期限一次性全面告知当事人，做到"一纸清""一次明"。

4. 立案事项一趟就好。当场没有完成立案，对于提交立案材料不齐全的，当事人可自行选择网络、邮寄等方式提交补充材料；对于不属于本院管辖的，应主动协助当事人办理跨域立案手续；两个以上法院都有管辖权的，由首次接待当事人的法院审查立案，不得推诿扯皮，力求"最多跑一次"。

二、促进在线立案提速增效

5. 畅通在线立案流程。完善移动微法院、江苏诉讼服务网、律师服务平台等诉讼平台，推行在线立案咨询服务，畅通网间数据交换，将重点诉讼服务应用纳入每日重点运维，提高响应效率，力争立案服务事项"应上尽上、全程在线"，推动线上线下服务标准一致、功能信息同步，努力提升用户体验。

6. 规范在线立案办理。明确专人或专班负责审核办理当日在线立案申请，符合起诉条件当事人不同意诉前调解的，及时登记立案；立案材料不齐全的，及时在线通知补正。

7. 逐步推动无纸办理。当事人已在线提交符合要求的起诉状等材料的，不得要求当事人再提供纸质件。完善诉讼无纸化办理机制，做好立、审、执程序中的在线实名认证、电子送达、电子笔录、电子档案等之间的有效衔接，完善各项配套机制，方便当事人在线诉讼。

8. 集约办理辅助事务。将缴费、保全、鉴定、送达等审判辅助性事务集约至线上办理，通过相关网上平台提供全流程线上诉讼服务，完善及时响应反馈办理机制，做到"让信息多跑腿、让当事人少跑路"。

三、提高跨域立案服务时效

9. 拓展跨域立案。提供"异地受理、无差别办理"立案服务，需要远程立案的当事人，可选择向家门口的中级、基层法院或者人民法庭申请办理，实现立案事项"就近办"。大力宣传推广在线立案，将实体立案服务向移动终端拓展，实现立案事项"掌上办"。

10. 保障服务时效。协作法院和管辖法院应当强化协调配合，确保网络畅通、人员到位、及时响应，高效办理当事人的跨域立案申请，确保管辖法院跨域立案服务 30 分钟内响应、7 个工作日内审核。

11. 开展跨境立案。安排专门工作人员通过江苏移动微法院为外国人、港澳台地区居民、经常居住地位于国外或港澳台地区的中国内地公民等跨境诉讼当事人，就一审民商事案件提供立案指引、查询、委托代理视频见证、登记立案等服务，让立案服务惠及各类当事人。

四、畅通立案服务绿色通道

12. 完善特殊群体立案服务。在诉讼服务大厅设置绿色服务窗口，为老年人、残疾人等特殊群体的当事人提供人工窗口办理服务，指派志愿者、工作人员等提供专人引导、口述代写、优先办理以及预约上门立案等多元化、差异化、精准化线下服务，防止出现“数字鸿沟”。

13. 设立民生专项立案通道。对涉及农民工欠薪维权、赡养费、抚养费、抚恤金、工伤赔偿等民生案件，设立立案专窗，强化释明指导，优先审查立案。对当事人同意诉前调解的，优先委托调解组织或调解员进行调解。

14. 为特殊群体提供预约服务。针对出行不便的特殊群体，提供预约的本地立案和异地立案服务。

五、完善立案评价投诉机制

15. 落实立案登记制改革。巩固和深化立案登记制改革成果，严防“立案难”反弹回潮。将整治有案不立尤其是年底不立案摆在重要位置抓好抓实。各级法院建立常态化研究整治年底不立案问题工作机制，自每年第四季度开始，每月向上一级法院书面报告本院和辖区法院年底立案情况。

16. 优化质效评价。树立正确的司法政绩观，破除“仅以结案率体现成绩”错误思维，将人民群众是否满意作为评价工作的首要标准。改进审判质效考核办法，综合运用法定期限内立案率、法定审限内结案率、结案均衡度等多项指标，总体评价法院、法官工作业绩。建立“一票否决”机制，对查实的存在年底不立案问题突出的法院，取消评优评先资格。

17. 拓宽评价监督渠道。通过在诉讼服务大厅、12368 诉讼服务热线等增设满意度评价设备、在线推送满意度测评等，由当事人对立案服务进行评价。各级法院建立完善 12368 热线不立案监督投诉及处置工作机制，设置诉讼服务大厅立案监督信箱、网上诉讼服务中心投诉平台等，畅通不立案投诉通道。定期听取律师、人大代表、政协委员、社会各界群众意见建议，对反映的不立案问题建立台账，逐一核查，明确责任人、整改要求、完成时限，做到件件有核查、事事有回音。

18. 严肃问责追责。各级法院院长作为第一责任人、分管院领导作为主管责任人、立案庭庭长作为直接责任人，要切实履行好监督管理职责，常态化开展不立案问题自查自纠和整改工作，对有案不立问题做到发现一起、查处一起、通报一起，依法依纪严肃追究有关人员责任。上级法院对有案不立问题突出且迟迟没有整改的法院，要约谈主要领导，做到有责必问、问责必严。

江苏省高级人民法院关于做好民营企业司法服务保障工作的通知

（苏高法电〔2021〕721号　2021年11月30日）

各市中级人民法院、南京海事法院，徐州铁路运输法院、各基层人民法院，本院各部门：

为深入贯彻习近平总书记在庆祝中国共产党成立100周年大会上的重要讲话精神以及对民营企业发展的重要指示精神，认真落实党中央、国务院、最高人民法院以及省委、省政府、省委政法委支持民营企业发展的相关决策部署，进一步推动我省民营经济高质量发展，现就做好民营企业司法服务保障工作通知如下：

一、总体要求

1. 强化思想认识。民营企业在推动发展、促进创新、增加就业、改善民生和扩大开放等方面发挥了不可替代的重要作用。全省各级法院要切实提高政治站位，充分认识做好民营企业司法服务保障工作，对于推动民营企业改革创新、转型升级、健康发展的重要意义，不断增强政治责任感和使命感，强化履职担当，坚持新发展理念，营造法治化营商环境，切实保障民营企业依法平等使用资源要素、公开公平公正参与竞争、同等受到法律保护，让民营经济创新源泉充分涌流、创造活力充分迸发。

2. 彰显司法为民。将做好民营企业司法服务保障工作，作为人民法院开展“两在两同”建新功行动的重要载体，作为“我为群众办实事”“我为基层解难题”的务实举措，坚持问需于企、问计于企、问政于企，排查找准服务民营企业健康发展的短板弱项，切实解决民营企业关心关注的现实问题，进一步提升民营企业司法满意度。

3. 坚持实事求是。做好民营企业司法服务保障工作，要谋实事、出实招、见实效，让民营企业和企业家真正得实惠，力戒形式主义，力戒走过场、搞“花架子”、唱高调、打空头支票。对民营企业及企业家提出的司法需求，当下能解决的要立行立改、改就改好，需要长期解决的要坚持系统谋划，按照轻重缓急分步实施，并做好与民营企业和企业家的沟通解释，争取理解支持。

二、强化司法服务保障

1. 提升涉民营企业诉讼服务水平。将提高“家门口”式诉讼服务的规范化、标准化、专业化水平作为重点,进一步拓展服务范围,提升服务品质,全力构建一站、集约、集成、在线、融合的诉讼服务体系。推进网上跨域诉讼服务和在线诉讼服务,完善法院之间跨地域、跨层级的“一窗通办、一站全办、跨域联办”的一体化诉讼服务模式,便利民营企业异地诉讼。完善12368诉讼服务热线接处机制,提高集中送达效率,为民营企业提供高效、便捷、低成本的诉讼服务。

2. 优化完善民营经济领域纠纷诉调对接工作。进一步优化完善民营经济领域纠纷诉调对接工作机制,按照自愿平等、灵活便利、讲求实效原则,积极引导民营经济领域纠纷当事人优先选择商会商事调解。加快推动全省商会商事调解组织全覆盖,着力提升商事纠纷调解员能力水平,积极推动商会纠纷多元化解线上平台建设,创新探索市场化商会商事调解模式。

3. 强化民营企业及企业家刑事司法保障。深入开展扫黑除恶斗争,依法严惩强揽工程、恶意竞标、欺行霸市、垄断市场等黑恶势力,积极参与金融放贷、工程建设、交通运输、市场流通等十大重点行业领域专项整治。依法从严从快审理涉民营企业敲诈勒索、强迫交易、“盗抢骗”、损害商业信誉和商品声誉以及民营企业内部人员职务侵占、挪用资金、非国家工作人员受贿等刑事案件。依法保护民营企业及企业家的人身和财产安全,依法慎用强制措施和查封、扣押、冻结措施,对涉案企业家、高管、技术骨干依法慎用羁押性强制措施,符合取保候审、监视居住条件的,应当变更强制措施。对立案时间超过2年、羁押时间超过3年的涉企业和企业家犯罪案件建立台账、动态监管、适时督办。严格区分企业和企业家违法所得与合法财产,被告人个人、其他家庭成员财产与法人财产,全面查明涉案财产来源、性质、用途、权属,严禁超范围、超时限查封、扣押、冻结财产。

4. 加强民营企业及企业家商事司法保护。充分尊重和保护市场主体的自主意思,严格按照法律规定及合同约定认定合同性质、效力和责任,依法保护民营企业和企业家的合理预期和信赖利益。充分保障股东知情权、参与权、表决权等重大经营决策权以及利润分配权、剩余财产分配权等财产性权益,进一步增强民营企业和企业家投资的积极性。妥善审理民营企业与国有企业、民营企业与地方政府之间的买卖、租赁、承包经营、招商引资等经济纠纷,坚持平等保护,排除不当干扰,杜绝偏袒一方,切实维护民营企业及企业家合法权益。

5. 依法加强金融审判工作。进一步推进金融审判专业化建设,提升金融案件审理质效。切实发挥金融审判的规则导向和价值引领作用,合理认定利息费用标准,规范金融行业交易秩序，降低民营企业融资成本。全面推进金融纠纷多元化解，加大涉民营企业金融纠纷调解力度，建立金融纠纷在线诉调对接工作机制，开展全流程在线调解、在线申请司法确认及出具调解书等工作，促使金融机构协商解决。

6. 加大危困民营企业司法挽救力度。充分发挥企业破产制度挽救功能，积极运用预重整、重整、和解等手段帮助民营企业获得再生，依法稳妥做好大中型民营企业债务风险化解工作。进一步优化完善“两庭、两会、一机制”企业破产处置工作新格局，充分发挥南京、苏州破产法庭示范引领带动作用，推动各地法院组建专门破产审判组织。充分利用破产法学研究会平台，构建破产法学研究与法治实践有效对接、相互促进的工作机制。支持省市两级管理人协会开展自律管理，健全完善管理人指定和管理制度机制，推动建立长三角破产管理人资源库。充分发挥省市县三级企业破产处置府院协调联动机制作用，加快推动在重点领域建立若干协调联动子机制。

7. 实行最严格知识产权司法保护。加强民营企业创新成果保护，加大对创新程度高的科技成果、知名程度高的商业标识、独创性程度高的作品保护力度，推动民营企业创新质量升级，促进产业基础高级化、产业链现代化发展。联合省知识产权局，开展知识产权促进产业强链行动，推动关键核心技术攻关。加强反垄断和反不正当竞争司法，严厉打击恶意抢注、仿冒搭车、重复侵权、产业化侵权等严重侵权行为，维护公平竞争的市场秩序，实现市场资源有效配置。

8. 坚持劳动者合法权益和企业生存发展利益平衡保护。依法妥善审理劳动争议案件，注重劳动者和用人单位之间的利益平衡。加强涉疫情劳资纠纷法律问题应对，推动多元化解，引导劳资双方共度难关，协商解决纠纷。加强劳动力和人才社会性流动法治保障，遵循劳动力要素市场化配置要求，推动建设合理、公正、畅通、有序的社会性流动格局，促进民营企业建立和谐劳动关系。

9. 服务保障经济发展与环境保护协同发展。准确适用宽严相济司法政策，鼓励民营企业开展危险废物历史遗留问题自查自纠，降低环境风险。贯彻损害担责原则，兼顾企业发展需求，在确保修复效果的情况下，充分运用技改抵扣、延长环境修复赔偿金缴纳期限、分批赔偿等方式，引导民营企业对生产设备和技术进行绿色升级改造。强化注重环境保护、促进循环利用的司法指引，妥善审理涉民营企业环保节能、绿色金融等相关案件，服务民营企业全面绿色转型，实现低碳循环发展。

10. 公正高效审理涉民营企业行政案件。依法支持政府“放管服”改革，依法审理涉及政府职能转变案件，支持政府理顺行政许可、审批和监管，促进政府管理删繁就简，服务企业经营发展。加大对行政行为合法性审查力度，统一产权征收案件裁判尺度，监督行政机关依法实施行政征收、征用。准确把握工伤案件认定标准，保护企业合法用工权益。依法审理行政处罚、行政强制案件，监督行政机关慎用顶格罚、慎用查封、扣押、冻结等强制措施。依法高水平审理行政协议等新类型行政案件，支持行政机关依法运用行政协议、行政指导、行政奖励等柔性行政手段实现行政管理目标。全面对标诚信政府、法治政府建设标准和要求，依法规范地方政府招商引资行为，加大信赖利益保护，对于因政府负责人更替、机构合并等原因导致的不履行行政协议约定义务、违法行使行政优益权、不兑现招商承诺等违法行为予以纠正。

11. 加大涉民营企业冤错案件纠正力度。恪守"实事求是、有错必纠"审监理念，坚持全面保护、依法保护、平等保护基本原则，加大涉产权和企业家冤错案件甄别纠正工作力度。秉持刑法谦抑性，客观、历史地看待企业经营者的不规范问题，合理区分刑事处罚与行政处罚、民事制裁的界限，严格案件程序、证据和法律适用标准，对原判存在错误的，分情况依法作出宣告无罪、免予刑事处罚、适当调整刑罚等处理。建立健全有效防范和常态化纠错机制，强化涉产权案件的摸排、统计、汇总和上报等工作，建立动态管理台账，定期向最高人民法院层报涉产权冤错案件纠正工作季度进展情况。加强与公安、检察等单位协作配合，推动实现政策协调、数据共享和标准统一，形成依法纠错的工作合力，确保涉产权冤错案件得以依法、全面、及时纠正。

12. 开展涉民营企业债权案件专项执行行动。进一步加大执行力度，全面摸底排查申请执行人为民营企业的案件，对一年以上的未结案件，建立专门台账，加强调度督办力度，力争应执尽执；对三年以上未执结的，倒排工期，限期结案。发现查控、评估、处置财产不及时等消极执行行为的，严肃问责。强化善意文明执行，民营企业为被执行人的，有效运用"活封"措施，审慎使用强制执行措施，积极引导当事人协商和解，最大限度降低对民营企业生产经营的不利影响。全面排查超期未发放执行案款，对无正当理由的，全部发放完毕。

13. 加强民营企业法治教育宣传。持续做好"以案释法进民企""民营企业服务月"等活动，多渠道、多形式开展对企法治宣讲。对于审判中发现的涉诉民营企业经营管理法律风险，及时向企业发送司法建议，帮助企业规范内部治理，促进守法经营。定期向社会发布审判白皮书及典型案例，为市场主体提供规则指引。

三、工作要求

1. 加强组织领导。全省各级法院要切实加强组织领导，结合本地实际情况，强化组织推动，制定民营企业司法服务保障工作实施方案，细化责任分工，压紧压实责任。

2. 强化建章立制。要建立健全民营企业司法服务保障工作长效机制，不断加强经验总结及机制创新，持之以恒做好司法服务保障工作。

3. 抓好落实反馈。各地中院要加强调研指导，全面掌握辖区两级法院民营企业司法服务保障工作情况。年底前，各地中院汇总辖区两级法院工作开展情况、建章立制情况，形成书面报告报送省法院。

参阅案例

【编者按】

作为全国第11家海事法院，南京海事法院于2019年12月4日正式履职。两年多来，南京海事法院围绕“努力打造全国一流乃至在国际上有影响力的海事法院”奋斗目标，坚持强基固本、稳中求进，大力实施“精品审判、服务品牌、基础建设、素质提升”四大工程，全面深化高质量海事司法实践，以专业司法能力赢得当事人对江苏海事司法的信任，扩大了江苏海事司法的国际影响力。2022年9月，江苏省人大常委会对全省法院海事审判工作进行专题审议。本期刊发的3个参阅案例，不仅是南京海事法院精准护航国家战略大局、打造海事纠纷解决“优选地”的典型案例，更是江苏法院全面深化高质量海事司法实践，服务保障江苏更高水平对外开放和经济社会高质量发展的生动实践。下一步，江苏法院将更加充分发挥审判职能作用，服务建设海洋空间布局合理、海洋科技创新领先、海洋产业结构优化、海洋生态环境优美、海洋开放合作层次高、海洋经济实力强的海洋强省，为“扛起新使命、谱写新篇章”提供更加有力的海事司法保障。

上海鼎衡船务有限责任公司
申请设立海事赔偿责任限制基金案

（2022）参阅案例1号

【裁判摘要】

空载航行中的船舶发生海事事故，有证据证明其下一航次为国内港口间运输且事发水域位于相应航线的，应当认定该船舶为从事中华人民共和国港口之间运输的船舶。责任人主张其海事赔偿限额应当适用《中华人民共和国海商法》第二百一十条第二款规定的，人民法院应予支持。

【相关法条】

1.《中华人民共和国海商法》第二百一十条　除本法第二百一十一条另有

规定外，海事赔偿责任限制，依照下列规定计算赔偿限额：

（一）关于人身伤亡的赔偿请求

…………

（二）关于非人身伤亡的赔偿请求

（1）总吨位300吨至500吨的船舶，赔偿限额为167000计算单位；

（2）总吨位超过500吨的船舶，500吨以下部分适用本项第1目的规定，500吨以上的部分，应当增加下列数额：

501吨至30000吨的部分，每吨增加167计算单位；

30001吨至70000吨的部分，每吨增加125计算单位；

超过70000吨的部分，每吨增加83计算单位。

（三）依照第（一）项规定的限额，不足以支付全部人身伤亡的赔偿请求的，其差额应当与非人身伤亡的赔偿请求并列，从第（二）项数额中按照比例受偿。

（四）在不影响第（三）项关于人身伤亡赔偿请求的情况下，就港口工程、港池、航道和助航设施的损害提出的赔偿请求，应当较第（二）项中的其他赔偿请求优先受偿。

（五）不以船舶进行救助作业或者在被救船舶上进行救助作业的救助人，其责任限额按照总吨位为1500吨的船舶计算。

总吨位不满300吨的船舶，从事中华人民共和国港口之间的运输的船舶，以及从事沿海作业的船舶，其赔偿限额由国务院交通主管部门制定，报国务院批准后施行。

第二百一十三条　责任人要求依照本法规定限制赔偿责任的，可以在有管辖权的法院设立责任限制基金。基金数额分别为本法第二百一十条、第二百一十一条规定的限额，加上自责任产生之日起至基金设立之日止的相应利息。

2.《关于不满300总吨船舶及沿海运输、沿海作业船舶海事赔偿限额的规定》第四条　从事中华人民共和国港口之间货物运输或者沿海作业的船舶，不满300总吨的，其海事赔偿限额依照本规定第三条规定的赔偿限额的50%计算；300总吨以上的，其海事赔偿限额依照《中华人民共和国海商法》第二百一十条第一款规定的赔偿限额的50%计算。

【点评】

为促进国内航运业的发展，《中华人民共和国海商法》第二百一十条第二款及交通部《关于不满300总吨船舶及沿海运输、沿海作业船舶海事赔偿限额的规定》第四条对从事国内港口间运输船舶规定了较低的赔偿限额。实践中，适用何种赔偿限额，关键在于对从事国内港口之间运输船舶的正确理解。最高人民法院指导案例16号进一步明确从事国内港口之间运输的船舶应当理解为发生海事事故航次正在从事国内港口之间运输的船舶，而不宜以船舶适航证书上记载的船舶可航区域或者船舶有能力航行的区域来认定。但现实中，船舶不会一直处于载货状态，处于空载状态的船舶发生海事事故时，难以直接适用“事故航次”的标准进行认定。本案中，“鼎衡18”轮发生海事事故时正处于空载航行状态，法院通过审查“鼎衡18”轮上一航次完成情况、下一航次计划情况、事故发生水域与计划航次的关系等，将“鼎衡18”轮空载前往泰州港接货过程视为整体运输过程的一部分，最终认定“鼎衡18”轮属于从事国内港口之间的运输的船舶。本案审理思路符合立法精神，补充了最高人民法院指导案例16号的适用情形。同时，本案裁判对航运企业尤其是国内港口间运输企业正确运用海事赔偿责任限制制度，合法规避航运风险起到了积极引导作用。

申请人：上海鼎衡船务有限责任公司，住所地中国（上海）自由贸易试验区业盛路188号A-405室。

异议人：江苏新东吴金属材料有限公司，住所地江苏省海安县海安镇黄河路1号031室。

申请人上海鼎衡船务有限责任公司（以下简称鼎衡公司）于2020年9月7日向南京海事法院申请设立海事赔偿责任限制基金。南京海事法院受理后，向有关利害关系人发出通知，并自2020年11月23日起至2020年11月25日止在《人民法院报》三次发布公告。江苏新东吴金属材料有限公司（以下简称新东吴公司）于2020年11月2日向南京海事法院提出异议。

申请人鼎衡公司称：2020年7月27日，天津籍散装化学品船“鼎衡18”轮从上海金山码头空载驶往泰州港装货，在途经长江水道FB6红浮时，与泰州籍干货船“泰东货5588”轮发生碰撞事故，事故造成“泰东货5588”轮翻扣，船载货物沉没，“鼎衡18”轮局部破损。申请人系“鼎衡18”轮的光船租赁人，“鼎衡18”轮为中国籍船舶，2254总吨，从事的是国内沿海运输。根据《中华人民共和国海商法》（以下简称《海商法》）及中华人民共和国交通部令第5号《关于不满300总吨船舶及沿海运输、沿海作业船舶海事赔偿限额的决定》（以下简称《海事赔偿限额决定》）的规定，申请就本次事故引起的非人身伤亡的损失设立海事赔偿责任限制基金，基金数额为229959计算单位（[（2254－500）×167＋167000]×50%）及海事事故发生之日起至基金设立之日止的利息。为此,鼎衡公司提供了"鼎衡18"轮的船舶国籍证书、船舶所有权登记证书、光船租赁登记证明书、国际吨位证书、入级证书,鼎衡公司的营业执照、国内水路运输经营许可证、国际海上运输船舶备案证明书、国际船舶运输经营许可证,"鼎衡18"轮V2028航次船舶卸货作业时间表、船舱检验报告,"鼎衡18"轮V2029航次船舶装货作业时间表、船舱检验报告,散装液体化学品水路运输航次合同等证据材料。

异议人新东吴公司称:经查询,"鼎衡18"轮的IMO号为94190722018,该船舶并非中华人民共和国港口之间货物运输或者沿海作业的船舶。因此,本案不应按照《海商法》第二百一十条第一款规定的赔偿限额的50%计算海事赔偿限额,而应当按照《海商法》第二百一十条第一款规定计算,即申请设立的基金数额为459918计算单位及海事事故发生之日起至基金设立之日止的利息。异议人提供了中国船级社官方网站"鼎衡18"轮的查询记录作为证据材料。

南京海事法院经审查查明:"鼎衡18"轮系天津籍散装化学品船,船舶识别号CN20057940204,总吨2254,取得中国船级社入级证书,国际海事组织编号9419072,船舶所有人中源租赁(天津)有限责任公司,承租人鼎衡公司办理了光船租赁登记,租期自2018年11月8日至2021年11月7日。鼎衡公司取得了国际船舶运输经营许可证和国内水路运输经营许可证,获准从事国际船舶危险品运输和国内沿海省际成品油船、化学品船运输。2020年7月25日,"鼎衡18"轮由惠州港装载货物到达了澧泾港卸货。根据鼎衡公司与宁波中哲物产有限公司于2020年7月16日订立的散状液体化学品水路运输航次合同,"鼎衡18"轮应于2020年7月27日0000时至2020年7月29日2400时至泰兴阿贝尔码头装载2900吨苯乙烯运往惠州欧德码头。2020年7月27日,"鼎衡18"轮在澧泾港卸货完毕后驶往泰州港,在途中与"泰东货5588"轮在长江水道FB6红浮附近发生碰撞,事故造成"泰东货5588"轮翻扣,船载货物沉没。

南京海事法院经审查认为,本案是申请设立海事赔偿责任限制基金案件,根据《最高人民法院关于适用〈中华人民共和国海事诉讼特别程序法〉若干问题的解释》第八十三条规定,利害关系人对申请人设立海事赔偿责任限制基金提出异议的,应当对设立基金申请人的主体资格、事故所涉及的债权性质和申请设立基金的数额进行审查。

案涉碰撞事故造成的船舶及货物损失,属于《海商法》第二百零七条第一款第一项规定的与船舶营运直接相关的财产的灭失、损害,该债权属于限制性债权,责任人可以依法限制赔偿责任。鼎衡公司系"鼎衡18"轮的光船承租人,符合《海商法》第二百零四条,《中华人民共和国海事诉讼特别程序法》第一百零一条第一款有关设立海事赔偿责任限制基金的主体要求。

《海商法》第二百一十条第二款规定:

"总吨位不满300吨的船舶,从事中华人民共和国港口之间的运输的船舶,以及从事沿海作业的船舶,其赔偿限额由国务院交通主管部门制定,报国务院批准后施行。"《海事赔偿限额决定》第四条规定:"从事中华人民共和国港口之间货物运输或者沿海作业的船舶……300总吨以上的,其海事赔偿限额依照《中华人民共和国海商法》第二百一十条第一款规定的赔偿限额的50%计算。"本案的争议焦点是,"鼎衡18"轮是否属于上述规定中的从事我国港口之间的运输的船舶,本案海事赔偿责任限制基金的数额是否应当按照《海商法》第二百一十条第一款规定的赔偿限额的50%计算。对此问题,最高人民法院发布的16号指导案例已经予以明确,《海商法》第二百一十条第二款规定的从事中华人民共和国港口之间的运输的船舶,应理解为发生海事事故航次正在从事中华人民共和国港口之间运输的船舶。虽然鼎衡公司取得了从事国际船舶危险品运输的许可,"鼎衡18"轮取得了中国船级社签发的入级证明,但是仍应根据发生海事事故航次的具体情况来判断"鼎衡18"轮是否属于从事我国港口之间运输的船舶。本案中,鼎衡公司提供的证据材料可以证明,"鼎衡18轮"由惠州港达到漕泾港,卸货后驶向泰州港,计划从泰州港接货后驶往惠州港。案涉船舶碰撞事故发生在"鼎衡18"轮由漕泾港前往泰州港接货过程中。因此,"鼎衡18"轮应当认定为从事我国港口之间运输的船舶,应当适用海事赔偿限额决定的有关规定。

"鼎衡18"轮总吨2254,根据《海商法》第二百一十条、第二百一十三条,《海事赔偿限额决定》第四条,申请设立基金的数额应为229959计算单位([(2254-500)×167+167000]×50%)及碰撞事故发生之日起至基金设立之日止的相应利息。因此,对新东吴公司有关"鼎衡18"轮并非从事中华人民共和国港口之间货物运输的船舶,应直接适用《海商法》第二百一十条第一款第二项规定计算基金数额的异议,不予支持。

综上,申请人关于设立海事赔偿责任限制基金的申请符合法律规定,予以准许。南京海事法院依照《中华人民共和国海商法》第二百一十条、第二百一十三条、第二百七十七条,《中华人民共和国海事诉讼特别程序法》第一百零一条第一款、第一百零六条第二款、第一百零八条第一款和第三款,《最高人民法院关于审理海事赔偿责任限制相关纠纷案件的若干规定》第二十条、第二十一条之规定,于2021年1月8日作出(2020)苏72民特70号民事裁定:

一、准许申请人上海鼎衡船务有限责任公司提出的设立海事赔偿责任限制基金的申请;

二、海事赔偿责任限制基金数额为229959计算单位及其利息(利息按同期全国银行间同业拆借中心公布的贷款市场报价利率,自2020年7月27日起计算至基金设立之日止);

三、申请人上海鼎衡船务有限责任公

司应在裁定生效之日起三日内以人民币或者法院认可的担保设立海事赔偿责任限制基金(基金的人民币数额按裁定生效之日的国家外汇主管机关规定的国际货币基金组织的特别提款权对人民币的换算办法计算);逾期不设立基金的,按自动撤回申请处理。

一审裁定送达后,双方均未提起上诉,一审裁定已经发生法律效力。

案例报送单位:南京海事法院
一审合议庭成员:杨昌顺、王天红、吴　霞
报送人:吴　霞
审稿人:缪　芳

厦门建发物产有限公司诉华兴海船务有限公司海上货物运输合同纠纷案

(2022)参阅案例2号

【裁判摘要】

根据航运实践和航运惯例,大宗散装货物运输过程中水尺计重货物5‰以内的短少属于合理短少,承运人可以免责,除非有证据证明承运人对货物短少有不能免责的过失。

多套提单货物同船混舱分卸运输时,即便收货人是同一主体,也应当基于提单法律关系分别计算各套提单项下货物短少是否在合理范围,承运人依据整船货物短少在5‰以内主张对全部提单项下货物短少免责的,人民法院不予支持。

【相关法条】

《中华人民共和国海商法》第四十六条　承运人对集装箱装运的货物的责任期间,是指从装货港接收货物时起至卸货港交付货物时止,货物处于承运人掌管之下的全部期间。承运人对非集装箱装运的货物的责任期间,是指从货物装上船时起至卸下船时止,货物处于承运人掌管之下的全部期间。在承运人的责任期间,货物发生灭失或者损坏,除本节另有规定外,承运人应当负赔偿责任。

前款规定,不影响承运人就非集装箱装运的货物,在装船前和卸船后所承担的责任,达成任何协议。

第五十五条　货物灭失的赔偿额,按照货物的实际价值计算;货物损坏的赔偿额,按照货物受损前后实际价值的差额或者货物的修复费用计算。

货物的实际价值,按照货物装船时的价值加保险费加运费计算。

前款规定的货物实际价值,赔偿时应当减去因货物灭失或者损坏而少付或者免付的有关费用。

第七十一条　提单,是指用以证明海上货物运输合同和货物已经由承运人接收或者装船,以及承运人保证据以交付货物的单证。提单中载明的向记名人交付货物,或者按照指示人的指示交付货物,或者向提单持有人交付货物的条款,构成承运人据以交付货物的保证。

第七十七条　除依照本法第七十五条的规定作出保留外,承运人或者代其签发提单的人签发的提单,是承运人已经按照提单所载状况收到货物或者货物已经装船的初步证据;承运人向善意受让提单的包括收货人在内的第三人提出的与提单所载状况不同的证据,不予承认。

【点评】

本案是一起典型的大宗散货海上货物运输合同纠纷,涉及采用水尺计重的大宗散货如何认定合理短少,以及同船混舱分卸多套提单货物时如何计算货物短少的问题。法院在确定承运人对其责任期间大宗散货短量的赔偿责任时,既严格依法裁量,也充分考虑航运实践,尊重行业惯例,认定采用水尺计重的大宗散货卸货后货物短少在5‰以内属于合理范围内的短少,除非有相反证据证明承运人有不能免责的过失,承运人原则上对该短少损失不承担赔偿责任。同时,本案明确的裁判规则有助于厘清实践中对同一收货人的多套提单计算合理短少的边界。在同船混舱分卸的情形下,当事人对于分属不同收货人的提单项下货物短少应当按照每套提单分别计算并无太大争议,但是对于同一收货人的多套提单如何计算短少仍存在一定争议。部分当事人出于自身利益的考量,主张不区分多套提单而按照整船货物短少在5‰以内对全部提单项下货物的短少免责，这一观点忽略了提单法律关系的独立性，不利于界定承运人和收货人之间的权利义务。本案认为每套提单都是单独的法律关系，基于法律规定和水尺计重货物合理短少的航运实践，确立对各套提单项下货物予以分别计算合理短少的裁判规则。本案裁判是对《全国法院涉外商事海事审判工作座谈会会议纪要》关于"承运人对大宗散装货物短少的责任承担"具体规定的细化运用，合理界定提单持有人权利，准确把握承运人免责标准，对类似大宗散货海上货物运输短量纠纷解决提供了参考。

原告：厦门建发物产有限公司，住所地福建省厦门市思明区环岛东路1699号建发国际大厦25楼B单元。

被告：华兴海船务有限公司，住所地香港特别行政区新界葵涌葵昌路51号九龙贸易中心二座33楼。

原告厦门建发物产有限公司（以下简称建发公司）因与被告华兴海船务有限公司（以下简称华兴海公司）海上货物运输合同纠纷一案，向南京海事法院提起诉讼。

原告建发公司诉称：2019年6月10日，原告建发公司向案外人新加坡华杰贸易有限公司（SINGAPORE HUAJIE TRADING PTE LTD，以下简称华杰公司）购买了一批乌克兰玉米，单价为204美元/公吨，该批货物由"华兴海（HUA XING HAI）"轮承运，该轮签发了编号为1的清洁提单，提单数量为34588.05公吨，在中国黄埔港卸货时发现短量18.05公吨。此外，该轮签发了编号为2的清洁提单，提单数量为9856.35公吨，在中国张家港卸货时发现货物短量320.95公吨。原告的货物共计短量339公吨，按照货物单价204美元/公吨计算，原告共计损失69156美元。被告华兴海公司是"华兴海（HUA XING HAI）"轮的船舶所有人，根据《中华人民共和国海商法》（以下简称《海商法》）第四十六条的规定，被告应对上述货物短量承担赔偿责任，且被告在装货港签发的提单数量高于装货港水尺数量，具有过失，应承担赔偿责任。原告建发公司请求判令：(1)华兴海公司向建发公司赔偿损失69156美元（按2019年10月8日美元兑换人民币汇率中间价7.0726折合人民币为489112.73元）及利息损失（利息以人民币489112.73元为基数，自2019年7月19日起按照中国人民银行同期贷款利率计算至2019年8月19日，自2019年8月20日起按照全国银行间同业拆借中心公布的贷款市场报价利率计算至实际清偿之日止)；(2)本案全部诉讼费用由华兴海公司承担。

被告华兴海公司辩称：(1)原告未能举证证明其是合法的提单持有人，无权基于提单向被告提出货物短量损失的赔偿请求，即便经托运人适当的背书转让，原告也仅是1号和2号提单项下的收货人，无权就全船4套提单项下的短量损失主张赔偿；(2)卸货港的水尺记录单显示的数量并不能证明是实际卸货数量，即便按照卸货港水尺记录单的记载，卸货数量相比提单数量的短量小于5‰，可视为合理的计量允差和运输途中的合理损耗，按照大宗散货运输的国际惯例和最高人民法院的以往案例和有关会议精神，承运人对于5‰以内的短量损失不应负赔偿责任，即使被告承担赔偿责任，也应以美元为结算依据，不应以人民币结算；(3)案涉货物散装玉米混装混卸，并未按照提单数量进行分舱隔离或者特定化，原告与同船拼装的其他提单项下的收货人岳阳恒盛冷链物流有限责任公司(以下简称恒盛公司)协商约定各自的提货数量，恒盛公司足额提取货物，将全船所有在5‰以内的合理短重数量全部留由原告单方承担，实际上并不存在，也不具有合理性，即便存在短少，被告作为承运人也应根据各份提单按比例对收货人承担赔偿责任，而不是由其中一名收货人向承运人主张全船短少的损失；(4)现有证据不能证明原告已经按照买卖合同的约定支付了案涉提单项下的货款，且货物发票开具日期早于提单签发日期，原告并未证明其已遭受实际损失；(5)原告声称装货时即已发生短量没有事实和法律依据，被告在案涉货物的装卸和运输过程中并无任何过错，已经尽到了谨慎、合理的管货义务。综上所述，请求驳回原告的全部诉讼请求。

南京海事法院经审理查明：

2019年6月10日，原告建发公司与案外人华杰公司签订《买卖合同》，由建发公司向华杰公司购买乌克兰玉米，合同载明：合同标的为2018年乌克兰玉米；数量为38500公吨，卖方可以选择上下浮动16%；单价为204美元/公吨CFR条款，合同还约定了其他条款。2019年6月15日，华杰公司向建发公司开具商业发票，发票记载单价为204美元/公吨CFR中国港口，总数量合计44444.4公吨，总价值合计9066657.6美元。2019年7月31日，建发公司向华杰公司支付货款9066657.6美元。上述货物由被告华兴海公司所有的“华兴海(HUA XING HAI)”轮承运。

就案涉航次，“华兴海(HUA XING HAI)”轮船长授权代理于2019年6月18日分别签发编号1、2、4的提单，于2019年

7月9日签发编号为3的提单。4套提单均记载为清洁提单，装货港为乌克兰尼古拉耶夫，卸货港为中国港口，重量合计为71500公吨。其中，编号为1的提单记载托运人为“NIBULON AGRICULTURAL LIMITED LIABILITY COMPANY”，收货人为“TO ORDER”，通知人为“C AND D（USA）INC”，货物为2018年乌克兰玉米，重量为34588.05公吨。编号为2的提单记载托运人为“NIBULON AGRICULTURAL LIMITED LIABILITY COMPANY”，收货人为“TO ORDER”，通知人为“C AND D（USA）INC”，货物为2018年乌克兰玉米，重量为9856.35公吨。编号为3的提单记载托运人为“NIBULON AGRICULTURAL LIMITED LIABILITY COMPANY”，收货人为“TO ORDER”，通知人为恒盛公司，货物为2018年乌克兰玉米，重量为21555.6公吨。编号为4的提单记载托运人为“NIBULON AGRICULTURAL LIMITED LIABILITY COMPANY”，收货人为“TO ORDER”，通知人为恒盛公司，货物为2018年乌克兰玉米，重量为5500公吨。

原告建发公司提供的提单1、2项下的货物进口报关单记载境内收货人为建发公司，单价0.204美元/千克，货物数量合计44444.4公吨。

2019年7月19日至23日，案涉船舶在中国黄埔港将提单1项下货物卸货，中国检验认证集团出具水尺检量报告记载卸货重量为34570公吨。2019年7月25日，中国检验认证集团广东有限公司出具重量证书，记载报检重量为34588.05公吨，卸货重量为34570公吨。2019年7月27日至31日，案涉船舶在中国张家港将提单2、3、4项下货物卸货，中国检验认证集团出具水尺检量报告记载卸货重量为36591公吨。2019年8月7日，中国检验认证集团江苏有限公司出具3份重量证书，记载报检重量分别为9856.35公吨、21555.6公吨、5500公吨，卸货重量分别为9770.649公吨、21368.174公吨、5452.177公吨。上述重量证书均记载卸货重量系根据所查卸货前后之船舶水尺与船用物料，依据船方提供之排水量表并作必要校正后计算得出。

2019年10月24日，恒盛公司出具说明函，载明：“我司乌克兰玉米由‘HUA XING HAI’轮承运，自尼古拉耶夫（乌克兰）运往中国张家港，该轮签发了编号为3的清洁提单，提单数量21555.6公吨。2019年7月31日，‘HUA XING HAI’轮抵达张家港并进行水尺计重，显示张家港货物重量/卸货重量为36591公吨（张家港提单2、3、4总计：36911.95吨）。我司已经按照提单数量足额提取了货物，320.95吨短量损失全部由厦门建发物产有限公司承担。”

庭审中，原告建发公司陈述其是提单1和提单2的收货人，恒盛公司系提单3和提单4的收货人，恒盛公司将货物提足后，剩下货物给了建发公司。原、被告均确认案涉船舶四个提单项下货物并未区分不同舱位。双方一致同意本案适用中华人民共和国法律。

南京海事法院经审理认为：被告华兴海公司系我国香港特别行政区注册登记的企业，故本案具有涉港因素。案涉货物自乌克兰运往中国，故本案亦具有涉外因素。《海商法》第二百六十九条规定：“合同当事人可以选择合同适用的法律，法律另有规定的除外。合同当事人没有选择的，适用与合同有最密切联系的国家的法律。”原、被告在庭审中均选择适用中华人民共和国法律，故应适用中华人民共和国法律审理本案纠纷。本案的争议焦点是：原告建发公司要求被告华兴海公司赔偿案涉货物提单1、2项下货物短少339公吨的损失69156美元及利息损失是否具有事实和法律依据。

一、原告建发公司有权要求被告华兴海公司赔偿提单1、2项下货物短量的损失

（一）原告建发公司作为提单1和提单2的合法持有人和收货人有权主张被告华兴海公司赔偿货物短量的损失

《海商法》第七十一条规定：“提单，是指用以证明海上货物运输合同和货物已经由承运人接收或者装船，以及承运人保证据以交付货物的单证。提单中载明的向记名人交付货物，或者按照指示人的指示交付货物，或者向提单持有人交付货物的条款，构成承运人据以交付货物的保证。”被告华兴海公司是提单1和提单2的签发人，原告建发公司系空白背书转让的指示提单持有人，原告提交的报关单、提货单可以证明提单1和提单2项下的货物交付给了原告，原告提交的买卖合同、发票、银行转账凭证亦可以证明原告足额支付了提单1和提单2项下货物的货款，故就提单1和提单2而言，原、被告之间成立以提单为证明的海上货物运输合同关系。原告系收货人，被告系承运人。原告作为收货人善意受让提单1和提单2，当卸货港发生货物短量时，原告遭受实际损失，有权主张被告赔偿提单1和提单2项下货物短量的损失。

（二）原告建发公司无权就提单3和提单4项下货物短量向被告华兴海公司索赔

本案中，原告不是提单3和提单4的合法持有人，亦不是提单3和提单4项下货物的收货人，依法无权就提单3和提单4项下货物短量向被告索赔。原告主张提单3和提单4的收货人恒盛公司已经足额提取了货物，320.95公吨短量损失全部由

原告承担，但即使恒盛公司系提单3和提单4的合法持有人和收货人，原告和恒盛公司双方之间就提单2、3、4项下的货物提货数量以及短量如何承担的约定，也不能约束承运人。而且，根据现有证据，恒盛公司并无向原告转让提单3和提单4项下货物索赔权的意思表示，即使恒盛公司将索赔权转让，也无证据表明恒盛公司就此通知了承运人，该转让依法对承运人不发生效力。因此，原告就整船四个提单项下货物短量要求被告赔偿的主张没有事实和法律依据，不能成立。

二、被告华兴海公司应当对提单2项下货物短量承担赔偿责任

（一）原告主张装货港已经发生短量缺乏事实依据

原告依据"装港水尺报告"主张装货港货物水尺计重为71154.772公吨，比4份提单总数量71500公吨短少345.228公吨，而该"装港水尺报告"仅是SGS公司出具的一份"初步信息建议（Preliminary Information Advice）"，并注明"本初步信息建议不是证书或报告，并且不用于协商也不在任何方面具有任何商业价值（This Preliminary Information Advice is not a Certificate or Report and is not intended for negotiation nor does it have any commercial value in any respect whatsoever）"，对该"初步信息建议"无法核实真实性，其也不是最终检验结果，不能证明装港货物数量，原告也未提交其他证据对装港货物数量予以佐证，因此原告主张装货港已经发生短量缺乏事实依据，不予支持。

（二）根据现有证据应认定提单1项下货物短量18.05公吨、提单2项下货物短量85.701公吨

关于卸货港货物的数量，原告提交了卸货港水尺记录单以及提单1、2项下货物的重量证书予以证明。被告抗辩称中国检验认证集团及所属公司不是法定的出入境检验检疫机构，其出具的重量证书不能证明卸货数量。而中国检验认证集团虽是商业检验公司，但具有包括案涉玉米卸货重量检验在内的相关检验资质，如无证据表明其检验人员、检验程序等违反法律规定和正常检验规范，则其检验结果可以作为考察卸货重量的依据，其出具的重量证书具有证明力。被告并未举证证明案涉货物乌克兰玉米的重量检验系法定重量检验，亦未举证证明案涉货物进行了法定重量检验而有不同的检重结果，故该抗辩理由没有事实依据，不予采纳。

根据提单1、2项下货物的卸货重量证书，提单1项下货物卸货重量为34570公吨，提单2项下货物卸载重量为9770.649公吨，与提单1、2记载的重量34588.05公吨、9856.35公吨相比，分别短量18.05公吨、85.701公吨。因此，原告主张提单1

项下货物短量18.05公吨具有事实依据，予以支持。但提单2项下货物实际短量85.701公吨，原告主张提单2项下货物短量320.95公吨，超出部分没有事实依据，不予支持。

（三）就提单1项下货物短量，被告关于5‰合理损耗和计量允差的抗辩成立，就提单2项下货物短量，被告应当承担赔偿责任

《海商法》第四十六条第一款规定："承运人对集装箱装运的货物的责任期间，是指从装货港接收货物时起至卸货港交付货物时止，货物处于承运人掌管之下的全部期间。承运人对非集装箱装运的货物的责任期间，是指从货物装上船时起至卸下船时止，货物处于承运人掌管之下的全部期间。在承运人的责任期间，货物发生灭失或者损坏，除本节另有规定外，承运人应当负赔偿责任。"该法第七十七条规定："除依照本法第七十五条的规定作出保留外，承运人或者代其签发提单的人签发的提单，是承运人已经按照提单所载状况收到货物或者货物已经装船的初步证据；承运人向善意受让提单的包括收货人在内的第三人提出的与提单所载状况不同的证据，不予承认。"本案被告签发清洁提单，则应当在目的港向收货人交付提单记载重量的货物，否则应当承担赔偿责任。案涉货物为散装玉米，类似的大宗散货货物因在运输过程中的自然损耗、装卸过程中的散落残漏以及计量误差，都可能导致卸货港货物重量与提单记载不符而出现短少。认定承运人对其责任期间货物短少的赔偿责任，要在严格依法的同时，充分考虑航运实践，尊重行业惯例。只要承运人已经尽到谨慎管货的义务，对于因合理损耗、计量允差造成的货物短少，承运人可以免责。按照我国进出口商品检验行业标准《进出口商品重量鉴定规程——水尺计重》，水尺计重可能存在5‰计量允差（合理误差）。如果卸货后货物短少在5‰以内，可以认定为由于自然损耗、计量误差等因素造成合理范围内的短量，除非有相反证据证明承运人有过失，则承运人原则上对该短少损失不应负责赔偿。如果货物短少超过5‰，则货物短量已不合理，除非承运人证明部分短量系由于合理原因造成的，否则承运人原则上应当对全部短少承担赔偿责任。

需要指出的是，案涉四个提单分属不同的提单持有人和收货人，尽管货物装卸过程系混装混卸，没有根据提单进行区分，但鉴于承运人应当在目的港向每个提单收货人交付各自提单记载重量的货物，因此根据整船卸货重量之和与提单记载重量之和是否相符而认定整船货物是否短量，缺乏法律上的可归责性，被告以整船货物5‰合理损耗和计量允差来抗辩其中部分

提单持有人和收货人,没有法律依据。按照法律规定,被告有权根据各个提单项下货物的短量分别主张5‰合理损耗和计量允差的抗辩。

基于以上分析,被告对提单1和提单2项下货物短量是否应当承担赔偿责任应当分别予以评判。提单1项下货物短量18.05公吨,约占提单记载重量34588.05公吨的0.5‰,货物短量在5‰以内,现有证据不能证明被告存在过失,故可以认定18.05公吨为合理短量,被告对该短量损失可以免责。提单2项下货物在被告责任期间内短量85.701公吨,约占提单记载重量9856.35公吨的8.7‰,货物短量超过了5‰,则已不合理,而被告没有举证区分合理因素与不合理因素各自造成的损失,亦没有举证证明具有免责事由,故被告应当对提单2项下85.701公吨的全部短量损失予以赔偿。

三、短少货物的赔偿金额

《海商法》第五十五条第一款规定:"货物灭失的赔偿额,按照货物的实际价值计算;货物损坏的赔偿额,按照货物受损前后实际价值的差额或者货物的修复费用计算。"该条第二款规定:"货物的实际价值,按照货物装船时的价值加保险费加运费计算。"案涉买卖合同、报关单、发票均记载货物CFR单价为204美元/公吨,原告主张按照204美元/公吨计算货物损失,应当予以支持。提单2项下货物短少85.701公吨,价值为17483美元(204美元/公吨×85.701公吨,取整)。原告在诉请中将美元数额折算为人民币结算,包含了汇率损失的单独诉请,被告抗辩应以美元结算。而汇率浮动属于商业风险范畴,被告无法预见,在双方就此无明确约定的情况下,单纯商业风险所导致的后果与被告的违约行为并无法律上的因果关系,故汇率损失不应支持。此外,庭审中原告亦接受以美元结算进行赔付,故被告应当赔偿原告货物损失17483美元。关于17483美元的利息损失,依法有据,予以支持,但应自提单2项下货物卸毕之日即2019年7月31日起算,利率酌定为按中国银行美元同期存款利率计算。

综上,被告华兴海公司作为承运人未能按照提单2记载的重量交付货物,对短量85.701公吨的货物应当向原告建发公司承担赔偿损失的民事责任。依照《中华人民共和国海商法》第四十六条第一款,第五十五条第一款、第二款,第七十一条,第七十七条,第二百六十九条;《最高人民法院关于适用〈中华人民共和国民事诉讼法〉的解释》第五百五十一条之规定,南京海事法院于2021年3月17日作出(2020)苏72民初35号民事判决:

一、被告华兴海船务有限公司于判决

生效之日起十日内赔偿原告厦门建发物产有限公司货物短少损失17483美元及利息(利息以17483美元为基数,按照中国银行美元同期存款利率自2019年7月31日计算至实际清偿之日止);

二、驳回原告厦门建发物产有限公司的其他诉讼请求。

一审判决后,双方当事人均未上诉,一审判决已经发生法律效力。

案例报送单位:南京海事法院

一审合议庭成员:沈　燕、惠　林、吴　霞

报送人:惠　林、赵　伟

审稿人:卢燊绅

江苏金马运业集团股份有限公司诉中国人民财产保险股份有限公司靖江支公司海上保险合同纠纷案

(2022)参阅案例3号

【裁判摘要】

船舶检验证书中记载的参考载货量仅对船舶载货具有一定参考作用,不能直接作为认定船舶超载的依据。水路货物运输保险合同中约定船舶超载为免责事由,但未明确船舶超载具体含义的,可以适用船舶行业的通常标准即载重线标准认定船舶是否超载,保险公司仅依据船舶实际载货量超过参考载货量主张免责的,人民法院不予支持。

【相关法条】

1.《中华人民共和国保险法》第十四条　保险合同成立后,投保人按照约定交付保险费,保险人按照约定的时间开始承担保险责任。

第六十四条　保险人、被保险人为查明和确定保险事故的性质、原因和保险标的的损失程度所支付的必要的、合理的费用,由保险人承担。

2.《水上安全监督常用术语》3.1.27 船舶超载　因船上货物、燃料、淡水、物料的实际总载重量，超过船舶根据有关载重线规定勘画的相应的载重线，使得船舶无足够的干舷，而处于不适航状态。

【点评】

船舶超载会降低船舶抗沉性和航行稳定性，增大船舶倾覆风险，危及船舶航行安全，是水上交通安全治理的一大顽疾，也是保险公司常用的拒赔理由之一。与陆上货运超载不同，水上货运实际情况较为复杂，对船舶超载的理解与认识并不统一。本案是一起典型的涉船舶超载海上保险合同纠纷案件，审理的难点主要在于实际载货量超过船舶检验证书中记载的参考载货量的，保险公司能否据此主张免责。本案判决认定参考载货量仅是船舶设计时针对某类积载因数的货物计算出的近似值，对船舶装载某些货物的重量具有一定参考作用，但不能作为认定船舶超载的依据。案涉船舶装载货物后未超过载重线，保险公司在保险合同未明确约定船舶超载具体含义的情形下，仅以船舶实际载货量超过参考载货量为由主张免责的，不予支持。同时，在审查认定船舶超载的事实是否成立时，法院对保险公司在接到报险后怠于到现场调查了解的行为予以否定性评价。本案判决有助于进一步规范海上保险合同纠纷中保险公司的理赔行为，也有利于提高船舶运输经营主体的安全和守法意识。此外，诉讼中通过双方现场试验进一步查明船舶是否超载的事实，亦为类似案件的审理提供了新方法。

原告：江苏金马运业集团股份有限公司，住所地靖江经济开发区新港园区管理委员会（三江物流中心）。

被告：中国人民财产保险股份有限公司靖江支公司，住所地靖江市江平路118号。

原告江苏金马运业集团股份有限公司（以下简称金马公司）因与被告中国人民财产保险股份有限公司靖江支公司（以下简称人保靖江支公司）海上保险合同纠纷一案，向南京海事法院提出诉讼。

原告金马公司诉称：原告系“金马988”轮光船承租人。2018年11月21日14时左右，“金马988”轮承运一批钢材从福建福州运至江苏江阴，途经浙江象山大目岛东南约2海里海域时触碰不明物体，导致船底破损进水，所载钢材部分被海水浸泡，产生施救费189300元，公估公司对货物定损金额为475821元,中国人民财产保险股份有限公司福州市分公司(以下简称人保福州分公司)向货主无锡市鑫恒康金属制品有限公司(以下简称鑫恒康公司)支付了保险理赔款222910.5元后向厦门海事法院提起诉讼,向原告代位追偿,经法院审理及执行,原告向人保福州分公司支付各项费用合计240924.4元。鑫恒康公司又通过诉讼向原告主张其他损失,原告与鑫恒康公司达成调解协议,向其支付了252910.5元了结该纠纷。因原告就该批货物在被告处投保了100万元国内水路货运保险综合保险,现原告同意按船货价值分摊施救费并扣除不足额投保部分,请求法院判令:(1)人保靖江支公司支付赔偿金143458元;(2)诉讼费由人保靖江支公司承担。

被告人保靖江支公司辩称:“金马988”轮本次航行实际载货量超过船舶检验证书上登记的参考载货量,处于超载状态,船舶超载必然导致吃水深度变深,更容易触碰海底物体,超载是导致事故发生的原因,因超载属于保险预约协议及保险条款约定的免责情形,故被告不应承担责任。即使法院认定被告应当承担保险责任,原告支付给人保福州分公司的公估费、利息、迟延履行的利息、案件受理费、执行费也不是保险合同约定的损失范围,系原告自身扩大的损失,被告也不应赔偿,请求法院依法处理。

南京海事法院经审理查明:

2017年12月20日,江苏金马云物流科技有限公司作为(甲方)投保人、人保靖江支公司作为(乙方)保险人签订《国内货物运输预约保险协议书》一份,合同约定自2017年12月20日0时起至2018年12月19日24时止,甲方销售、运出的商品、原材料等各类货物属于预约保险范围;承保险别为综合险,适用《国内水路、陆路货物运输保险条款》;甲方运出的每批货物须在起运前将货物名称、运单号码、保险金额、运输工具名称、运输工具号码等信息通过乙方E—CARGO系统录入投保单,并将投保单提交乙方核保,核保通过保单生成后,保险合同方生效;液体、散装货物每次事故绝对免赔率为保险金额的0.5%;运输工具超载、超高、超宽而造成的任何损失和费用,乙方不承担赔偿责任;未经乙方核保通过的货物所发生的损失,乙方不负赔偿责任,等等。

2018年11月19日,鑫恒康公司将其订购的总价为4740000元的1200.74吨钢材交由“金马988”轮运输。2018年11月20日,江苏金马云物流科技有限公司在E—CARGO系统中进行投保,人保靖江支公司审核通过的保单显示被保险人为金马公司,保险标的为螺纹钢、不锈钢等钢材、线材、棒材,运输工具为“金马988”轮,起运地为福建福州、目的地为江苏江阴，适用条款及险别为《国内水路货运保险综合保险》，总保险金额为1000000元，每次事故绝对免赔额为保险金额的0.5%；保险条款载明保险价值为货物的实际价值，按货物的实际价值或货物的实际价值加运杂费确定；保险金额低于保险价值的，保险人对其损失金额及其支付的施救保护费用按保险金额与保险价值的比例计算赔偿。

2018年11月21日14时40分左右，“金马988”轮途经浙江象山大目岛东南约2海里海域时触碰不明物体，导致船底破损进水，所载卷钢部分被海水浸泡受损。2018年11月22日，宁波海事局对“金马988”轮出具的海事声明准予备查。后受损货物在宁波港转由“鑫旺898”轮运至江苏江阴港，并从江阴市长江港埠有限公司码头卸下，再运至无锡禾健物流基地。金马公司为此支付了过驳费、码头泊位费、船舶拖带费、叉车费等施救抢险费用合计189300元。因鑫恒康公司为该批货物在人保福州分公司投保了水路货运基本险含锈损险，其委托上海颐盛保险公估有限公司对案涉货损进行估损，定损金额为475821元。2019年10月30日，人保福州分公司向鑫恒康公司支付了保险理赔款222910.50元，向颐盛公司支付了公估费8145元。后人保福州分公司向法院提起诉讼，向原告追偿，厦门海事法院经审理和执行，金马公司于2020年4月14日向法院缴纳了240924.4元（其中赔偿款221910.5元、公估费8145元、利息4129.9元、迟延履行期间的利息1006.49元、案件受理费2381.5元、执行费3351元）结案。就人保福州分公司未理赔部分，鑫恒康公司与金马公司达成庭外和解，扣除鑫恒康公司尚欠的运费51660元，金马公司赔偿鑫恒康公司166000元。

“金马988”轮船舶检验证书记载船体满载排水量1310.5吨，空载排水量311.84吨，参考载货量为950吨，该船投保了200万元的沿海内河船舶一切险。本案审理期间，金马公司和人保靖江支公司工作人员在南通海门宝钢码头现场确认“金马988”轮装载1198.58吨钢卷未超过载重线。

南京海事法院经审理认为：

金马公司与人保靖江支公司签订了《预约保险协议》且金马公司根据该合同的约定在E—CARGO系统中向人保靖江支公司投保，人保靖江支公司审核后签发了保单，双方之间形成合法有效的保险合同关系。本案的主要争议焦点是人保靖江支公司是否应当承担保险责任。

一、关于船舶超载认定标准

金马公司与人保靖江支公司在预约合同和保险条款中没有对超载进行说明，《水上安全监督常用术语》对“船舶超载”

定义为：因船上货物、燃料、淡水、物料的实际总载重量，超过船舶根据有关载重线规定勘画的相应的载重线，使船舶无足够的干舷，而处于不适航状态，即指船舶装载后未能保留最小干舷，船舶没有保留足够的储备浮力，船舶的实际排水量超过了核定的满载排水量。船舶的实际排水量与船舶装载的货物总量并非同一概念，核定的满载排水量与船舶检验证书中记载的参考载重量亦非同一定义。船舶检验证书中记载的参考载货量是船舶设计时针对某类积载因数的货物计算出的近似值，只对船舶装载某些货物的重量具有一定的参考作用，并不能作为认定船舶超载的依据。此外，判定船舶是否超载还应当考虑舷外水密度大小。本案中，不能单以船舶实际载货量来确定船舶是否超载。

二、关于超载免责问题

船舶开航时必须适航，在各个方面都需要满足抵御预定航次中通常出现的或者能够合理预见的风险，运载适合的货物并最终完成预定的航次，适航对于船舶本身、船员和船舶载货均有要求。船舶超载直接导致船舶加大吃水，增加航行阻力，降低船舶稳定性、抗沉性及操纵性能，危及船舶航行安全，承运人或者船东在装载货物时应当考虑船舶的总体安全，避免超载和不平衡装载影响船体结构强度，造成船舶不适航。金马公司与人保靖江支公司签订的预约保险协议对超载免责有明确约定，是双方真实意思的表示，该协议合法有效，超载免赔的约定与保险条款内容并不冲突，超载免责条款对双方具有约束力。

三、关于"金马988"轮超载认定

如前所述，仅凭载货量超过核定数值不足以判定船舶超载，本案中，经金马公司与人保靖江支公司现场确认涉案船舶装载与事故发生相似重量货物时，船舶并未超过载重线，在此情况下，人保靖江支公司负有证明船舶超载的举证义务。本案事故发生后海事部门未认定船舶超载，人保靖江支公司在金马公司报险后未进行调查了解，无证据证实船舶超载，举证不能，则人保靖江支公司抗辩"金马988"轮超载理由不能成立。综上，人保靖江支公司不存在免责事由，对本次事故应当承担保险责任。

四、关于人保靖江支公司应承担的责任

金马公司因此次事故向人保福州分公司支付的利息、迟延履行期间的利息、案件受理费、执行费不属于货物的损失，不予认定，其支付的221910.5元货损和为查明保险标的损失的公估费8145元应予认定；金马公司向鑫恒康公司实际赔付了166000元，但已抵扣了其应获得51660元运费，故运费应计入赔偿总额，鑫恒康公司放弃赔偿部分不应计入金马公司的赔偿金额；则金马公司因该起事故赔付货损为447715.5元。关于施救费,因本案中船货均受损,金马公司与人保靖江支公司均认可施救费可以船货价值比例予以分摊,则货物部分该项损失为133127.89元。又因金马公司未足额投保、合同约定了0.5%的免赔率,则人保靖江支公司应赔付金马公司117540.8元。

综上,南京海事法院依照《最高人民法院关于适用〈中华人民共和国民法典〉时间效力的若干规定》第一条,《中华人民共和国合同法》第三十二条、第四十四条,《中华人民共和国保险法》第十四条、第六十四条之规定,于2021年4月21日作出(2020)苏72民初268号民事判决:

被告中国人民财产保险股份有限公司靖江支公司于判决生效后十日内支付原告江苏金马运业集团有限公司人民币117540.8元。

一审判决后,双方当事人均未上诉,一审判决已经发生法律效力。

案例报送单位:南京海事法院

一审合议庭成员:童德清、高　佳、孔玲玲

报送人:孔玲玲、赵　伟

审稿人:卢燊绅

香港中建船务有限公司
诉郑辉等船舶碰撞损害责任纠纷案

【编者按】

本案是一起典型的根据《1972年国际海上避碰规则》认定事故责任的涉外船舶碰撞损害责任纠纷案件。对船舶碰撞过失的可归责性及因果效力的考察是一个繁琐而棘手的过程,认定碰撞责任比例是该类案件的审理难点。司法实践中,部分裁判完全依赖海事局的海事调查报告结论确定责任比例,并不调取船舶碰撞的事实材料,分析船舶各自的过错程度。本案将主次责任的判定关键确定为两船互见时的位置关系,通过调取两船航行数据确认船舶会遇局面,分析船舶在碰撞局面的各阶段是否采取了最有助于避碰的行动,并考虑船舶在操纵中是否存在其他过失,最终认定船舶的避碰责任,准确划分责任比例。本案适用法律规范正确,裁判文书撰写格式规范,说理充分,逻辑严密,为如何判定船舶碰撞责任比例提供了有益借鉴。

中华人民共和国南京海事法院
民事判决书

(2019)苏72民初74号

原告(反诉被告):香港中建船务有限公司[SINO CONSTRUCTION SHIPPING (HK) LIMITED],住所地香港特别行政区湾仔轩尼诗道383号华轩商业中心14楼B室X653。

法定代表人:朱耿,该公司董事。

委托诉讼代理人:盛政军,上海四维乐马律师事务所律师。

委托诉讼代理人:杭锐,上海四维乐马律师事务所律师。

被告(反诉原告):郑辉,男,1980年×月×日生,汉族,住浙江省台州市黄岩区。

委托诉讼代理人:李辉滨,浙江天展律师事务所律师。

委托诉讼代理人:方亮,浙江天展律师事务所律师。

第三人:中国人民财产保险股份有限公司航运保险营运中心,住所地上海市中国(上海)自由贸易试验区浦东南路1085号10层。

负责人:严巍。

第三人:国任财产保险股份有限公司台州中心支公司,住所地浙江省台州市中心大道183号东港综合办公楼402室。

负责人:王华青。

委托诉讼代理人:祝习鹏,北京德和衡(杭州)律师事务所律师。

原告香港中建船务有限公司(以下简称中建公司)因与被告郑辉船舶碰撞损害责任纠纷一案,于2019年12月23日向本院起诉,本院于2019年12月27日受理。诉讼中,郑辉提出反诉,本院依法合并审理。中建公司申请追加中国人民财产保险股份有限公司航运保险营运中心(以下简称人保财险航保中心)作为第三人参加本案诉讼,国任财产保险股份有限公司台州中心支公司(以下简称国任财险台州支公司)申请作为第三人参加本案诉讼,本院予以准许。本院依法组成合议庭,于2020年11月11日组织证据交换,于2021年3月30日公开开庭进行了审理,原告(反诉被告)中建公司委托诉讼代理人盛政军、杭锐,被告(反诉原告)郑辉委托诉讼代理人李辉滨,第三人国任财险台州支公司委托诉讼代理人祝习鹏到庭参加诉讼,第三人人保财险航保中心经本院依法传唤,无正当理由未到庭。审理中,中建公司向本院申请冻结郑辉450000元银行存款或查封、扣押、冻结其所有的其他等值财产,本院裁定予以准许。本案现已审理终结。

中建公司向本院提出诉讼请求:(1)判令郑辉向中建公司赔偿人民币1783545.73元,及该款项自2018年5月22日起至被告实际支付之日止按人民银行同期贷款利率计算的利息;(2)由被告承担本案诉讼费等所有法律费用。

事实和理由:2018年5月22日,郑辉所有的“安捷利18”轮与中建公司所有的“ZHONG JIAN”轮在黄海南部水域发生碰撞。盐城大丰海事处出具的《水上交通事故责任认定书》认定,“安捷利18”轮负事故的主要责任,“ZHONG JIAN”轮负事故的次要责任,“安捷利18”轮疏于瞭望,对局面未能作出正确判断,未能及早采取让路行动,而且“安捷利18”轮未履行让路船义务是本次碰撞事故的主要原因。上述碰撞事故造成“ZHONG JIAN”轮受损进厂维修,导致了代理费用、SVDR导出费、水下检验费、船舶修理费人民币934700元,船级社检验费5496美元、租金及燃油损失143149.41美元,合计人民币1981717.47元(根据2019年11月1日中国人民银行授权公布汇率中间价1美元对人民币7.0437元,美元部分换算为人民币1047013.67元)。上述损失系“安捷利18”轮严重违反《1972年国际海上避碰规则》(以下简称《规则》)所致。虽本次碰撞系互有过失,但“安捷利18”轮对本次碰撞负主要责任,故被告应按照不低于90%的比例赔偿原告所遭受的损失,即人民币1783545.73元(1981717.47元×90%)。开庭审理后,中建公司提出,同意按照其向本院寄送立案材料之日的汇率计算有关损失。

郑辉辩称:2018年5月22日,郑辉所有的“安捷利18”轮与中建公司“ZHONG JIAN”轮在黄海南部水域发生碰撞事故,事故造成“安捷利18”轮船艏部壳外板受损,右锚2只锚齿断裂,艏尖舱约10根肋骨受损,球鼻艏局部受损等,“ZHONG JIAN”轮也有不同程度的受损。上述碰撞事故经盐城大丰海事处调查后,于2018年12月4日作出《水上交通事故责任认定书》,认定“安捷利18”轮在本次事故中承担主要责任,“ZHONG JIAN”轮承担次要责任。盐城大丰海事处的事故调查报告不认为事发前两船是追越局面,而是按照交叉相遇规则认为“安捷利18”轮在本次事故中承担主要责任,缺乏客观依据;同时没有充分重视和认识到“ZHONG JIAN”轮在两船最后逼近到0.4海里的紧迫危险局面后,采取的大角度向左朝着来船转向行为,导致丧失了本来可以避免发生碰撞的最后机会,这是真正导致本案碰撞事故的直接和最终原因。因此,“ZHONG JIAN”轮对案涉碰撞事故应当承担不低于80%的过错责任。

郑辉向本院提出反诉请求:(1)判令中建公司依80%的过错比例向郑辉支付因案涉船舶碰撞事故造成的各项损失合计612068元,及该款自2018年6月28日起至2019年8月19日止按同期中国人民银行公布的贷款基准利率计付的利息损失,及自2019年8月20日起至实际履行日止按同期全国银行间同业拆借中心公布的贷款市场报价利率计付的利息损失;(2)判令中建公司负担本案诉讼费。

事实和理由:本次碰撞事故中,郑辉遭受的损失包括船舶修理费473667元、船期损失222488元、维持费用损失68930元等共计765085元。“ZHONG JIAN”轮对案涉碰撞事故应当承担不低于80%的过错责任,应向郑辉支付因涉案船舶碰撞事故导致的各项损失合计612068元(765085元×80%)。

中建公司反诉辩称:本次碰撞事故的责任比例应当按照盐城大丰海事处出具的报告予以认定。

第三人人保财险航运中心未陈述意见。

第三人国任财险台州支公司述称:郑辉作为投保人将其名下所有的“安捷利18”轮在国任财险台州支公司投保了沿海内河船舶保险一切险,保险期间自2018年2月2日至2019年2月1日。2018年5月22日,“安捷利18”轮在黄海南部水域与“ZHONG JIAN”轮发生碰撞。盐城大丰海事处出具的《水上交通事故责任认定书》记载,“安捷利18”轮由于疏于瞭望、未及时避让负事故的主要责任,“ZHONG JIAN”轮由于未采取有助于避让的避碰行动承担事故的次要责任。郑辉因案涉事故损失对国任财险台州支公司提起诉讼,宁波海事法院作出(2020)浙72民初748号民事判决书,明确国任财险台州支公司需向郑辉支付理赔款381739.5元。中建公司在事故中应当承担不低于45%的过错责任。国任财险台州支公司在本案中请求法院判决中建公司向国任财险台州支公司支付理赔款中的171783元。综上,请求法院依法判决。

为证明己方主张,中建公司、郑辉、国任财险台州支公司向本院提供了相应的证据,各方发表了举证质证意见。

各方当事人对于以下证据真实性均无异议,仅就证据对于责任比例和双方损失的证明力发表了不同意见:中建公司提交的证据1《水上交通事故责任认定书》;证据2中SVDR导出费发票,水下检验费发票,船舶委托管理协议书;证据3代理费账单邮件、银行电子回单,结算单、SVDR导出费银行电子回单,修船合同、银行电子回单、付款截屏及付款通知单;证据4上海悦之公估有限公司(以下简称悦之公估公司)出具的公估报告。郑辉提交的证据1船舶所有权登记证书;证据2船舶国籍证书;证据3海上船舶检验证书簿;证据4《水上交通事故责任认定书》、安全管理建议书;证据6船舶修理合同;证据7“安捷利18”轮修理完工账单;证据8银行流水单、收款收据;证据9收据;证据10“安捷利18”轮损坏照片;证据12“安捷利18”轮1807、1808、1809、1810航次航海日志;证据13“安捷利18”轮1807、1808、1809、1810航次轮机日志;证据16船舶安全管理协议、付款凭证和收款收据;证据17船舶保险单、保险条款证据;证据19郑辉出售“安捷利18”轮的船舶买卖合同;证据20船舶交接确认书;证据21中2018年6月工资表、银行付款凭证。国任财险台州支公司提供的证据1沿海内河船舶保险投保单;证据2民太安财产保险公估股份有限公司(以下简称民太安公估公司)出具的公估报告;证据3国任财险台州支公司基于宁波海事法院判决向郑辉支付445493.82元船壳损失赔偿的中国农业银行电子回单。对于以上证据,予以采纳并在卷佐证,上述证据的证明力在裁判说理中予以阐述。

对有争议的证据,各方发表了如下意见:

中建公司提交了证据2中代理费用发票,用以证明碰撞事故导致了相关代理费用26200元;证据2中船级社检验发票、证据3中银行电子回单,用以证明碰撞事故导致了船级社检验费5496美元;证据2中工程结算单、工程完工单、“ZHONG JIAN”轮海损修理结算协议,证据5、7付款水单,证据8厦门通海顺达船务工程有限公司(以下简称通海顺达公司)出具的修理款全部结清的《证明》,用以证明修船费用为860000元;证据2中停租声明、租船确认书及相关条款翻译、租约订立邮件、租约主文、附文及相关条款翻译,证据3中第一期和第二期租金结算邮件、租金计算明细、银行交易明细,用以证明中建公司遭受了租金及燃油损失143149.41美元。

郑辉认为证据2中代理费用发票、船级社检验发票没有原件,证据2中工程结算单、工程完工单、"ZHONG JIAN"轮海损修理结算协议记载的修理费用并不一致,工程完工单盖章单位是厦门通海船务有限公司,故对真实性、关联性均有异议;证据2中停租声明、租船确认书及相关条款翻译、租约订立邮件、租约主文、附文及相关条款翻译(含证据6)形式真实性、翻译的准确性没有异议,但是停租声明加盖的既不是公章也不是业务章,且与租约确认书上签名明显也不符,故对内容的真实性、合法性有异议,根据租船确认书记载,是航次租约,不是定期租船,中建公司不存在其所诉请的损失;证据3中第一期和第二期租金结算邮件、租金计算明细、银行交易明细真实性无法确认,该证据并不是租金结算的依据;证据3中船级社检验费银行电子回单支付主体不是中建公司;证据5、7的付款时间为2021年12月,不符合情理,与修船合同所约定的三个工作日内全额付清不符。

国任财险台州支公司认为证据2中代理费用发票形成于中华人民共和国境外,证据3中船级社检验费银行电子回单并非原件,检验费并非必要支出;对外文证据真实性、合法性予以认可,翻译件内容予以确认;证据5、7的水单付款人并非原告账户,证据5水单未备注用途,证据7水单的收款人与前几次付款不同,不能证明中建公司支付的修理费。

郑辉提供了证据5"安捷利18"轮碰撞损失计算清单,用以证明"安捷利18"轮因碰撞遭受的损失;证据11"安捷利18"轮1807、1808、1809、1810航次费用总结,用以证明"安捷利18"轮因碰撞事故遭受的船期损失;证据14"安捷利18"轮1807、1808、1809、1810航次租船合同、运费收款凭证,用以证明"安捷利18"轮收入情况;证据15、证据21中7月工资单、付款凭证、银行付款凭证,用以证明船期损失中扣除的工资成本;证据18郑辉购买"安捷利18"轮的船舶买卖合同,用以证明其在计算船期损失时所扣除的船舶折旧成本;证据22碰撞事故作业海图,用以证明根据两船的相对运动航线,如果中建轮在两船互见后保向保速,则两船不会发生碰撞。中建公司认为证据5"安捷利18"轮碰撞损失计算清单,证据11"安捷利18"轮1807、1808、1809、1810航次费用总结,证据22碰撞事故作业海图只是郑辉所作的当事人陈述,不具有客观性;证据14"安捷利18"轮1807、1808、1809、1810航次租船合同、运费收款凭证缺乏单据证明货物运输数量,付款人也不是船舶的承租人，对真实性不予认可；证据15、证据21中7月工资单、付款凭证、银行付款凭证显示部分工资没有发放；证据18郑辉购买船舶的合同没有付款凭证，真实性不予认可。国任财险台州支公司未发表异议。

中建公司申请本院调取了《大丰“5·22”“ZHONG JIAN”轮与“安捷利18”轮碰撞事故调查报告》，中建公司、国任财险台州支公司对该证据无异议，郑辉对于事故调查报告中关于碰撞事故责任的判定有异议，且认为海事部门对于两船构成大角度交叉的认定有误。

对于上述有争议的证据，本院认证如下：

中建公司提供的证据2中代理费用航次结算单系厦门通海国际船舶代理有限公司所开具，并非形成于境外的证据，来源合法、形式真实、与本案具有关联性，与证据3中支付代理费的银行电子回单可以相互印证，根据该证据记载，发生的费用包括代理费12600元、交通船费13000元、更换船员手续费600元，代理费和交通船费是境外船舶靠港所必然要发生的费用，对该证据予以采纳；证据2中船级社检验发票与证据3中银行支付回单相可以互印证，船舶检验属于必要费用，予以采纳；证据2中工程结算单、工程完工单、“ZHONG JIAN”轮海损修理结算协议、证据5、7付款水单来源合法、形式真实、与本案具有关联性，可以反映“ZHONG JIAN”轮维修过程中的具体情况，厦门通海船务有限公司作为代理人在有关材料上盖章符合客观实际，予以采纳，有关修理费用将结合全案证据综合认定；证据2中停租声明、租船确认书及相关条款翻译、租约订立邮件、租约主文、附文及相关条款翻译及证据3中第一期和第二期租金结算邮件、租金计算明细、银行交易明细，来源合法、形式真实、与本案具有关联性，中建公司对有关邮件做了当庭展示，可以作为定案依据，租约性质以及中建公司具体损失在裁判说理中予以阐述和认定。

郑辉提供的证据5“安捷利18”轮碰撞损失计算清单，证据11“安捷利18”轮1807、1808、1809、1810航次费用总结，证据22碰撞事故作业海图系郑辉单方制作的展示损失计算过程和结果的清单，以及关于事故发生前后两船位置关系的海图，是郑辉的个人陈述和意见，不作证据认定；证据14“安捷利18”轮1807、1808、1809、1810航次租船合同、运费收款凭证虽然在具体的付款方式上不太正式，但两项证据可以相互印证运费的支付情况，结合来看，实际载重吨位均在5000吨左右，符合“安捷利18”轮的情况，合同所记载的航线与航海日志记载的情况一致，予以采纳；证据15、证据21中7月工资单、付款凭证、银行付款凭证与发生在5月的本次碰撞事故和发生在6月的“安捷利18”轮修理缺乏关联性，不予采纳。

本院调取的《大丰“5·22”“ZHONG

JIAN”轮与“安捷利18”轮碰撞事故调查报告》来源合法、形式真实、与本案具有关联性,予以采纳。

有关中建公司、郑辉应当承担的责任比例以及双方财产损失情况,在裁判说理中予以综合分析认定。

经审理查明:

一、船舶基本情况

“ZHONG JIAN”轮系巴拿马籍散货船,船长224.94米,型宽32.3米,型深18.8米,38367总吨,IMO编号9124172,船舶所有人系中建公司,发生事故时的保险人为人保财险航保中心。中建公司于2017年3月10日与五洋海事服务有限公司(FIVE OCEAN MARITIME SERVICES CO.,LTD,以下简称五洋公司)签订《船舶委托管理协议》,由五洋公司全面负责船舶的日常经营管理,管理期限自2017年3月15日至2020年3月14日。2018年5月2日,五洋公司与宇阳航运有限公司(YUYANG SHIPPING CO.,LTD,以下简称宇阳公司)订立租船确认书并附租约,约定:宇阳公司承租“ZHONG JIAN”轮2个装运航次,不作保证约2个月;租金9500美元/天,包括加班时间;返佣金1.25%;电报费/娱乐等1300美元/30天;燃料油430美元/吨,轻柴油600美元/吨;船壳机械或设备的故障或损坏导致的延误,由此耗费时间的租金及额外工作时间应停止支付,如船舶绕航,自绕航直到再次回到和绕航位置等距地点航次重新开始计算,租金将暂停支付,在停租期间,所有船舶消耗的燃油应当由船东承担。

“安捷利18”轮系我国台州籍散货船,船长98.22米,型宽16.2米,型深6.95米,2997总吨,船舶识别号CN20099714040,发生事故时“安捷利18”轮所有人系郑辉,管理人为浙江安拓海运有限公司,保险人为国任财险台州支公司。郑辉于2017年12月1日购买该轮,约定购船款11928000元。2019年11月8日,郑辉与案外人陈某某签订船舶买卖合同,将“安捷利18”轮转让给陈某某,并于2019年12月10日办理了船舶交接手续。

二、碰撞事故基本情况

2018年5月20日,“安捷利18”轮在大连装载4900吨散装水泥,从大连港开航,计划驶往温州港。2018年5月21日1030时,“ZHONG JIAN”轮装载46605吨焦炭,从连云港港开航,计划驶往伊朗BIK港。2018年5月22日5时左右,海况良好,东风约5—6级,浪高1米左右,能见度良好,“安捷利18”轮、“ZHONG JIAN”轮行至黄海南部海域。

2018年5月22日0520时,“ZHONG JIAN”轮船位33°29′.77N、122°30′.64E,航向132°,航速9.9节,大副在雷达上发现“安捷利18”轮,“安捷利18”轮船方位094°,并观测到右前方约3海里有一艘渔船,大副进行了标绘,令水手改手操舵;此时“安捷利18”轮船位33°29′.44N、122°36′.35E,航向181°,航速6.4节。0530时,“安捷利18”

轮大副在雷达上发现“ZHONG JIAN”轮并进行标绘，两船相距约3.5海里，大副认为“ZHONG JIAN”轮是追越船。0535时，两船互见，相距约3海里，“ZHONG JIAN”轮航速9.8节，航向137°，船艏向145°；“安捷利18”轮航向181.3°，航速约6.4节，方位092.6°，船方位和船速变化不大。0540时，“安捷利18”轮水手提醒大副有碰撞危险，但大副认为“ZHONG JIAN”轮能过其船头，未采取避让措施，将自动舵改为手动舵。0543时，两船相距约2海里，但均保速保向航行，未采取避让行动。0550时，渔船位于“ZHONG JIAN”轮正右横，“ZHONG JIAN”轮与“安捷利18”轮相距1.27海里，双方仍未采取避让行动。0552时，两船相距约1.0海里。0557时43秒，两船相距0.4海里，“ZHONG JIAN”轮开始左转向。0558时，“安捷利18”轮大副下令左转10°，同时令停车、继而倒车。0559时，“安捷利18”轮航向180.5°，航速6.2节，两船相距0.26海里，船长上驾驶台将倒车拉到底，全速倒车。0559时33秒，“ZHONG JIAN”轮航向109°，航速约9.4节；“安捷利18”轮航向184.4°，航速约6节，方位047.6°；两船相距0.17海里，“ZHONG JIAN”轮大副在VHF里连续呼叫“安捷利18”轮，未获回应。0600时，两船相距不足0.1海里。0600时23秒，两船发生碰撞，碰撞位置33°25′.09N、122°36′.14E，“ZHONG JIAN”轮船艏向约110°，“安捷利18”轮船艏向约173°，两船碰撞夹角约60°。

2018年5月23日，盐城大丰海事处组织对事故进行立案调查。调取了“ZHONG JIAN”轮AIS船位记录、SVDR数据记录及“安捷利18”轮AIS船位记录，认为0535时，两船相距约3海里，双方互见时，“ZHONG JIAN”轮位于“安捷利18”轮正横后约3°，两船构成大角度交叉相遇局面，“安捷利18”轮为让路船，“ZHONG JIAN”轮为直航船。盐城大丰海事处于2018年12月4日作出《水上交通事故责任认定书》，认为“安捷利18”轮疏于瞭望、对局面未能作出正确判断，未及早采取让路船的避让行动，违反了《规则》第五条、第七条、第八条、第十五条、第十六条、第三十四条的规定，负事故的主要责任；“ZHONG JIAN”轮未采取有助于避让的避碰行动，负事故的次要责任。事故造成两船船体不同程度受损。

三、船舶修理情况

事故现场处理完毕后，“ZHONG JIAN”轮驶往厦门，停靠厦门二号锚地。2018年5月25日，中建公司与通海顺达公司订立了《修船合同》，由通海顺达公司负责“ZHONG JIAN”轮修理工作，约定作业时间2018年5月25日至6月10日。当日，中建公司委托他人向通海顺达公司支付了70000元修理费。2018年6月1日，通海顺达公司出具《工程结算单》，确认修理费用1485802元（含税管费204938元）。当日，中建公司委托他人向通海顺达公司支付修理费用400000元。2018年6月4日，"ZHONG JIAN"轮进行了船检，中建公司与通海顺达公司确认了《工程完工单》所记载的各维修项目。2018年9月8日，中建公司与通海顺达公司签订"ZHONG JIAN"轮海损修理结算协议，协商确定最终修理款为860000元，并指定了两个收款账户。中建公司于2018年6月12日向厦门通海国际船舶代理有限公司支付代理费12600元、交通船费13000元、更换船员手续费600元，共计26200元；于2018年6月29日向厦门厦闵潜水工程有限公司支付了水下船体海损录像检查作业费32000元；于2019年3月7日支付了2018年6月4日船舶检验费5496美元；于2020年1月23日向福州航成海事工程有限公司支付读取SVDR给海事局的相关费用16500元，无线电、SVDR、中高频、VHF等检验修理费用20200元，共计36700元。2021年12月17日、20日，中建公司委托他人支付了船舶修理费200000元和190000元。通海顺达公司于2021年12月20日出具《证明》，确认2018年5月至6月"ZHONG JIAN"轮海损修理款全部结清。

"安捷利18"轮在事故现场处理完毕后，完成了1808航次，后进船厂修理。因修船费用的保险理赔问题，郑辉起诉"安捷利18"轮保险人国任财险台州支公司。宁波海事法院于2020年9月23日作出(2020)浙72民初748号民事判决书，查明"安捷利18"轮于2018年6月2日至15日停放在干船坞内修理，认定合理维修费用为424155元（含自购右艏锚款22000元），判决国任财险台州支公司向郑辉支付保险赔款381739.5元（424155元×90%）。判决生效后，国任财险台州支公司为履行判决，将上述赔款汇入了宁波海事法院指定执行账户。

四、船舶损失评估情况

受中国人民财产保险股份有限公司青岛市分公司委托，悦之公估公司对"ZHONG JIAN"轮和"安捷利18"轮的直接经济损失进行评估。悦之公估公司于2020年7月11日出具公估报告，估计"ZHONG JIAN"轮修理费用为802296元、代理费等其他合理费用93669元，合计894565元；估计"安捷利18"轮修理费用225134元。

受国任财险台州支公司委托，民太安公估公司对"ZHONG JIAN"轮和"安捷利18"轮进行检验、估损及理算。民太安公估公司于2020年6月2日出具公估报告，认为"安捷利18"轮的直接损失为200106元；"ZHONG JIAN"轮维修费用（不含税）642869.32元，代理费等其他合理费用83823.2元，合计726692.52元。

悦之公估公司评估"ZHONG JIAN"轮修理费用为802296元，民太安公估公司评估"ZHONG JIAN"轮维修费用为642869.32元。两份评估报告的差距主要在于，民太安公估公司对工程完工单中的焊接马脚装配钢板等21项费用未予评估，分别是：焊接马脚装配钢板19000元，钢板4角开工艺孔600元，边水舱外板割换中现场制作吊环拼装4800元，钢板所有焊缝位双面坡口、焊缝衬垫长度、焊缝打磨到可做UT检测7125元，隔舱型材中局部焊接马脚装配钢板4750元，钢板边角开工艺孔1650元，隔舱型材中现场制作吊环拼装4800元，焊缝打磨6745元，内部AH36船用钢割换中局部焊接马脚装配钢板3800元，10m卡车从福州紧急调运AH36船板12m用于内部结构3500元，10m卡车从上海紧急调运AH36船板和特殊船用角钢15000元，铁壳工程船配合作业12000元，配合CCS认可UT公司做检验6000元，租用交通船、交通车（检验专用）的费用6000元，明火手续申请3000元，登轮手续申请2200元，海关手续申请8000元，船上吊机配合吊运装配钢板7800元，供电5980元，拆接电缆200元，舱室完工时清舱、清洁8577元。

五、船舶营运情况

“ZHONG JIAN”轮修理完成后，发布了停租声明，声明载明：“ZHONG JIAN”轮抵厦门锚地时间5月24日2350时，回归期租偏离点时间6月4日2148时，耽误时间11.16181天计106037.2美元，燃料油损失33.48吨计14396.4美元、轻柴油损失0.6吨计360美元，共计120793.6美元。2018年6月19日，宇阳公司发送租赁对账单，确认由碰撞和主发动机维修而停租13.18611天，燃料油消耗43.06吨、轻柴油消耗0.6吨等信息，并扣减相应租金143149.41美元。

“安捷利18”轮发生事故航次为1808航次，事故发生后该航次实际执行完毕，事故前一个航次为1807航次，事故后两个航次为1809航次、1810航次。1807航次收入262075元，耗油62880.3元，发生港口使费、停泊费、码头费2567元，耗时7.95天；1808航次收入382316.2元，耗油83554元，发生港口使费、停泊费、码头费2567元，耗时13.5天；1809航次收入125000元，耗油32810元，发生港口使费、靠泊费1682元，耗时4.5天；1810航次收入370000元，耗油135842元，发生港口使费、停泊费、码头费2467元，耗时9.59天。“安捷利18”轮船舶保险费186.3元/天（68000元/年），2018年6月船员工资（13名船员+1名大厨）总额162183.8元，计5406.13元/天，船舶折旧费1307.18元/天，船舶管理费273.97元/天（100000元/年）。

以上四个航次总耗时35.54天（7.95天+13.5天+4.5天+9.59天），总收入1139391.2元（262075元+382316.2元+125000元+370000元），油耗成本315086.3元（62880.3元+83554元+32810元+135842元），港口使费、停泊费、码头费成本9283元（2567元+2567元+1682元+2467元），船舶保险成本6621.1元（186.3元/天×35.54天），船员工资成本179333.46元（5406.13元/天×35.54天），船舶折旧成本46457.18元

（1307.18 元/天 ×35.54 天）、船舶管理费成本 9736.89 元（273.97 元/天 ×35.54 天）。

中建公司与郑辉就事故责任及赔偿问题协商未成，遂成本讼。

本院认为，发生碰撞事故的“ZHONG JIAN”轮系巴拿马籍船舶，原告（反诉被告）中建公司系在香港特别行政区注册的企业，本案具有涉外因素。《中华人民共和国海商法》（以下简称《海商法》）第二百七十三条第一款规定：“船舶碰撞的损害赔偿，适用侵权行为地法律。”本案船舶碰撞事故发生在我国具有管辖权的海域，依照上述规定，本院适用中华人民共和国法律作为审理本案纠纷的准据法。

本案系船舶碰撞损害责任纠纷，争议焦点为中建公司与郑辉对于“ZHONG JIAN”轮与“安捷利 18”轮碰撞事故所应承担的责任比例，及各自主张的各项损失是否真实、合法。

一、事故责任比例

《海商法》第一百六十九条第一款、第二款规定：“船舶发生碰撞，碰撞的船舶互有过失的，各船按照过失程度的比例负赔偿责任；过失程度相当或者过失程度的比例无法判定的，平均负赔偿责任。互有过失的船舶，对碰撞造成的船舶以及船上货物和其他财产的损失，依照前款规定的比例负赔偿责任。碰撞造成第三人财产损失的，各船的赔偿责任均不超过其应当承担的比例。”对于本案碰撞事故的责任，各方发表了不同的意见。中建公司认为应当采纳海事部门对于事故主次责任的划分意见，主张由“安捷利 18”轮承担 90% 责任，“ZHONG JIAN”轮承担 10% 责任。郑辉认为，两船的位置关系并非海事部门所认定的大角度交叉，两船的位置关系应是追越关系，“ZHONG JIAN”轮是追越船，“安捷利 18”轮是被追越船，海事部门对于责任的认定错误，主张本次事故应由“ZHONG JIAN”轮负主责，承担事故 80% 责任，“安捷利 18”轮负次责，承担事故 20% 责任。

本次事故主次责任的判定，主要在于两船互见时位置关系的确定。海事部门在处理事故时调取了“ZHONG JIAN”轮的 AIS 数据、SVDR 数据，以及“安捷利 18”轮的 AIS 数据。虽然“安捷利 18”轮的 AIS 数据中未接入船艏向数据，但是仍可以综合其他数据，考虑一定风压差来确定“安捷利 18”轮的船艏向。

2018 年 5 月 22 日 0520 时，“ZHONG JIAN”轮船位 33°29′.77N、122°30′.64E，航向 132°，航速 9.9 节，在雷达上发现“安捷利 18”轮，“安捷利 18”轮船方位 094°，船位 33°29′.44N、122°36′.35E，航向 181°，航速 6.4 节。0530 时，“安捷利 18”轮大副在雷达上发现“ZHONG JIAN”轮。0535 时，两船互见，相距约 3 海里，“ZHONG JIAN”轮船位 33°27′.99N、122°32′.68E，航速 9.8 节，航向 137°，船艏向 145°“安捷利 18”轮船位 33°27′.86N、122°

36′.27E,航向181.3°,航速约6.4节,方位092.6°。据此,可以得出两船互见时"ZHONG JIAN"轮位于"安捷利18"轮右正横后3°左右两船位置关系。在此之后,两船基本保速保向,位置关系并未发生改变。由于"ZHONG JIAN"轮位于"安捷利18"轮右正横后3°左右,属于来船处于本船大于6°舷角(左与右),但小于112.5°舷角的位置,即交叉相遇局面。考虑可能存在的误差以及海上瞭望的视觉感受,两船可能是大角度交叉或垂直交叉局面。但是无论是哪种交叉局面,均不改变"ZHONG JIAN"轮在"安捷利18"轮右舷的基本事实。《规则》第十五条规定:"当两艘机动船交叉相遇致有构成碰撞危险时,有他船在本船右舷的船舶应给他船让路,若当时环境许可,还应避免横越他船的前方。"因此,本案中,"ZHONG JIAN"轮是直航船,"安捷利18"轮是让路船。当一船对本船右舷正横后的来船是否在追越本船还是与本船构成大角度交叉相遇局面有怀疑时,应当对他船的行动保持高度的戒备,切忌盲目地将本船作为追越中的被追越船而始终保向保速,并且在采取行动时,应当充分注意良好船艺的要求,避免本船所采取的行动与他船可能采取的行动产生不协调。本案中,"安捷利18"轮并未如上所述采取规范合理的操纵,在发现"ZHONG JIAN"轮错判对方为追越船,在产生碰撞风险后认为"ZHONG JIAN"轮能过本船船头,在"ZHONG JIAN"轮VHF呼叫时未予应答,直至两船形成紧迫局面,"安捷利18"轮也并未采取避碰措施,宽裕让清直航船,是导致事故发生的主要原因。"ZHONG JIAN"轮作为直航船一味强调直航,不顾《规则》其他要求,待紧迫局面形成时,违背《规则》采取向左转向的行动,导致两船行动不协调而发生碰撞事故,是事故发生的次要原因。因此,认定"安捷利18"轮承担70%事故责任,"ZHONG JIAN"轮承担30%事故责任。

《最高人民法院关于审理船舶碰撞纠纷案件若干问题的规定》第四条规定:"船舶碰撞产生的赔偿责任由船舶所有人承担,碰撞船舶在光船租赁期间并经依法登记的,由光船承租人承担。"故中建公司、郑辉作为"ZHONG JIAN"轮、"安捷利18"轮发生碰撞事故时的所有权人,应当承担船舶碰撞产生的赔偿责任。

二、中建公司的经济损失

(一)船舶修理费736116.32元

中建公司主张应以其为船舶修理实际向通海顺达公司支付的860000元认定船舶修理费,郑辉认为中建公司的船舶修理费损失仅为前期支付的470000元,国任财险台州支公司认为合理的船舶修理费用不超过民太安公估公司所评估的642869.32元。根据《最高人民法院关于审理船舶碰撞和触碰案件财产损害赔偿的规定》第三条的规定,船舶应就近修理,除非请求人能证明在其他地方修理更能减少损失和节省费用,或者有其他合理的理由。本案碰撞事故发生在黄海南部海域，“ZHONG JIAN”轮修理的地点为福建厦门，相距遥远，中建公司未能证明“ZHONG JIAN”轮所选择的修理地点符合上述司法解释的规定，故不宜直接认定中建公司所支付的860000元为合理船舶修理费。

悦之公估公司评估“ZHONG JIAN”轮修理费用为802296元，民太安公估公司评估“ZHONG JIAN”轮维修费用为642869.32元。两份评估报告的差距主要在于，民太安公估公司对工程完工单中的焊接马脚装配钢板等21项费用未予评估。

21项未予评估的项目中，10m卡车从福州紧急调运AH36船板12m用于内部结构、10m卡车从上海紧急调运AH36船板和特殊船用角钢系因船厂维修材料未备货所致，并非必要费用；租用交通船、交通车（检验专用）的费用，结合船检发票可知船检发生于2018年6月4日，在5月27日至6月4日的公司到二号锚地交通船、交通车费用中已经评估了6月4日的交通船、交通车费，不应发生与之重复的检验专用交通船、交通车费用；船上吊机配合吊运装配钢板系使用“ZHONG JIAN”轮吊机，并非应当向船厂支付的修理费用；供电费用未说明具体用途，由于“ZHONG JIAN”轮停泊于锚地，自身可以燃油发电，且已将燃油损失纳入索赔项目之中。故民太安公估公司未予评估有理。

21项未予评估项目的其他16项计93247元均系本次维修必要项目，应当予以评估，故合理的维修费用应当在民太安公估公司评估的价格基础上加上上述16项费用。

因此，认定“ZHONG JIAN”轮修理费用为736116.32元（642869.32元+93247元）。

（二）其他费用102506.5元

中建公司主张为修船而花费了代理费12600元，交通船费13000元，更换船员手续费600元，读取SVDR给海事局的相关费用16500元，无线电、SVDR、中高频、VHF等检验修理费用20200元，水下船体海损录像检查作业费32000元，共计94900元，以及船级社检验费5496美元。郑辉、国任财险舟山支公司对此不予认可，但无证据予以反驳。上述费用中，代理费、交通船费、读取SVDR费用、水下船体检查费用、船检费用，均系配合本次碰撞事故调查、维修所必需，总计74100元及5496美元，予以认定，船级社检验费按中建公司提起诉讼时汇率1美元对人民币6.9879元计人民币28406.5元，合计102506.5元。

更换船员手续费600元和无线电、SVDR、中高频、VHF等检验修理费用20200元，合计20800元，与船舶修理无关，不予认定。

（三）租金及燃油损失838211.32元

中建公司以停租声明、租船确认书、期租合同、船舶委托管理协议书、第一期和第二期租金结算邮件、租金计算明细、银行交易明细为据，主张碰撞事故造成13.18611天租金及燃油损失共计143149.41美元。郑辉认为，"ZHONG JIAN"轮船舶管理人五洋公司与承租人宇阳公司签订的并非期租合同，该合同以两个航次为限，且碰撞事故发生后实际完成了所约定的两个航次，故中建公司不存在租金损失。

《海商法》第九十二条规定："航次租船合同，是指船舶出租人向承租人提供船舶或者船舶的部分舱位，装运约定的货物，从一港运至另一港，由承租人支付约定运费的合同。"第一百二十九条规定："定期租船合同，是指船舶出租人向承租人提供约定的由出租人配备船员的船舶，由承租人在约定的期间内按照约定的用途使用，并支付租金的合同。"本案中，"ZHONG JIAN"轮船舶管理人五洋公司与承租人宇阳公司签订的合同约定，由宇阳公司按9500美元/天的标准支付租金，租期2个装运航次，不作保证约2个月，虽在租赁时间的约定上参考了航次完成时间，但并非航次租船合同而是定期租船合同，故对郑辉的意见不予采纳。本案应以有关约定认定中建公司的租金及燃油损失。

关于停租时间，停租声明和租赁对账单分别记载为11.16181天和13.18611天。租赁对账单所记载的停租时间为碰撞和主发动机维修时间，且没有证据证明发动机维修同本次碰撞事故有关，不能直接证明因本次碰撞事故的停租时间。本案中，碰撞事故发生在2018年5月22日，停租声明记载"ZHONG JIAN"轮到达厦门二号锚地时间为2018年5月24日2350时、回归期租偏离点的时间为2018年6月4日2148时，与2018年5月25日订立《修船合同》的时间、2018年6月4日船检的时间可以相互印证；由于"ZHONG JIAN"轮并未就近修理，应当减去由事故海域去往厦门的时间，并结合就近修理所需要的必要在途时间予以综合考虑，停租声明所记载的11.16181天较为合理，予以认定。因此，租金损失为105195.42美元[少收租金106037.20元(9500美元/天×11.16181天)－船东因停租而无须返还佣金1325.46美元(106037.20美元×1.25%)＋因停租而不支付的通信、娱乐、伙食补贴483.68美元(1300美元÷30天×11.16181天)]。租赁对账单所记载的燃料油消耗量亦较停租声明记载更多，且无合理解释，故采纳停租声明所记载的数据，燃油损失为：燃料油损失14756.4美元[(430美元/吨×33.48吨)＋轻柴油损失360美元(600美元/吨×0.6吨)]。以上合计119951.82美元。按中建公司提起诉讼时汇率1美元对人民币6.9879元计人民币838211.32元。

以上经济损失共计1676834.14元(736116.32元＋102506.5元＋838211.32元)。按照郑辉承担70%事故责任的比例，郑辉应向中建公司支付各项损失1173783.90元。中建公司主张应自事故发生之日起计算利息,但与中建公司各项损失实际产生的时间不符,故酌定上述损失自2018年6月28日起计算利息。

三、郑辉因碰撞事故遭受的经济损失

(一)修理费424155元

宁波海事法院生效民事判决业已确认郑辉因本次碰撞事故产生的合理修理费用为424155元(含自购右艏锚款22000元),本院予以认定,对于郑辉所主张的473667元,不予采纳。

(二)船期损失222488元

郑辉主张船期损失222488元,并提供了收入和成本方面的证据。1808航次作为“安捷利18”轮发生事故当日的航次,虽然并非事故发生前后两个航次,但是由于该航次实际完成,故酌情可以作为船期损失的计算参考。1807航次、1808航次、1809航次、1810航次发生在2018年5月、6月,郑辉并未提供5月工资数据作为5月工资成本的计算依据,其自身在计算1807航次、1808航次时依据的是6月工资数据,并未降低计算成本,故予以采纳。据此,“安捷利18”轮事故发生前后两个航次平均净盈利水平为16119.11元/天[(总收入1139391.2元-油耗成本315086.3元-港口使费、停泊费、码头费成本9283元-船舶保险成本6621.1元-船员工资成本179333.46元-船舶折旧成本46457.18元-船舶管理费成本9736.89元)÷35.54天]。“安捷利18”轮因维修船舶停航14天,郑辉主张222488元船期损失,并未超出上述标准,予以认定。

(三)维持费用68930元

郑辉主张维修期间船员工资68930元作为维持费用,符合法律规定,予以认定。

因此,“安捷利18”轮损失共计715573元,中建公司承担事故30%责任,应当赔偿“安捷利18”轮损失214671.9元。由于国任财险台州支公司已经赔付郑辉船舶修理费的90%,故中建公司应当赔偿郑辉的损失为100150.05元[(10%的船舶修理费42415.5元+船期损失222488元+维持费用68930元)×30%]。

中建公司应当赔偿郑辉的船舶修理费114521.85元(424155元×90%×30%),国任财险台州支公司作为“安捷利18”轮保险人已向郑辉赔付。国任财险台州支公司请求本院在本案中予以一并处理,中建公司对此亦无异议,故中建公司应将114521.85元船舶修理款支付给国任财险台州支公司。

综上,依照《中华人民共和国海商法》第一百六十九条第一款、第二款;《最高人民法院关于审理船舶碰撞纠纷案件若干问题的规定》第四条;《最高人民法院关于船舶碰撞和触碰案件财产损失赔偿的规定》第一条,第二条,第三条,第四条,第六条,第七条,第十条第一款、第二款,第十三条;《中华人民共和国民事诉讼法》第六十四条第一款之规定,判决如下:

一、本诉被告郑辉于本判决生效之日

起十日内赔偿本诉原告香港中建船务有限公司各项损失共计1173783.90元及自2018年6月28日起至支付之日止的利息（自2018年6月28日起至2019年8月19日止按同期中国人民银行公布的贷款基准利率计算，自2019年8月20日起至实际支付日止按同期全国银行间同业拆借中心公布的贷款市场报价利率计算）；

二、反诉被告香港中建船务有限公司于本判决生效之日起十日内赔偿反诉原告郑辉各项损失100150.05元及自2018年6月28日起至支付之日止的利息（自2018年6月28日起至2019年8月19日止按同期中国人民银行公布的贷款基准利率计算，自2019年8月20日起至实际支付日止按同期全国银行间同业拆借中心公布的贷款市场报价利率计算）；

三、反诉被告香港中建船务有限公司于本判决生效之日起十日内向第三人国任财产保险股份有限公司台州支公司支付“安捷利18”轮修理费114521.85元；

四、驳回本诉原告香港中建船务有限公司的其他诉讼请求；

五、驳回反诉原告郑辉的其他诉讼请求。

如果未按本判决指定的期间履行给付金钱义务，应当依照《中华人民共和国民事诉讼法》第二百五十三条之规定，加倍支付延迟履行期间的债务利息。

本诉案件受理费20851.91元，由本诉原告香港中建船务有限公司负担7128.89元，本诉被告郑辉负担13723.02元；本诉保全费2770元，由本诉被告郑辉负担。反诉案件受理费减半收取计4960.34元，由反诉原告郑辉负担4149.51元，反诉被告香港中建船务有限公司负担810.83元。

如不服本判决，原告（反诉被告）香港中建船务有限公司可在判决书送达之日起三十日内，被告（反诉原告）郑辉、第三人国任财产保险股份有限公司台州支公司可在判决书送达之日起十五日内向本院递交上诉状，并按对方当事人的人数提出副本，上诉于中华人民共和国江苏省高级人民法院。

审　判　长　王天红

审　判　员　吴　霞

审　判　员　蔡　甜

二〇二一年十二月三十日

书　记　员　张　洁

江苏省人民代表大会常务委员会任免名单

（2022年3月31日江苏省第十三届人民代表大会常务委员会第二十九次会议通过）

任命郑立新为徐州铁路运输法院院长、审判委员会委员、审判员；

任命花玉军为南京海事法院院长、审判委员会委员、审判员；

任命马荣为省高级人民法院审判委员会委员、审判员；

任命刘振为省高级人民法院立案庭庭长；

任命李荐为省高级人民法院审判委员会委员、民事审判第二庭庭长；

任命郑琳琳为省高级人民法院审判委员会委员、行政审判庭庭长；

任命马杰为省高级人民法院审判委员会委员、环境资源审判庭庭长；

任命王成为省高级人民法院审判委员会委员、执行裁判庭庭长；

任命张志成为省高级人民法院审判委员会委员；

任命潘军锋为省高级人民法院审判委员会委员、审判员；

任命徐安欣为省高级人民法院审判委员会委员、审判员；

任命王德荣、刘燕为南京海事法院海商审判庭副庭长、审判员；

任命何斐、曹健为南京海事法院审判员；

任命邓建云为徐州铁路运输法院副院长、审判委员会委员、审判员；

任命陈玉娟为徐州铁路运输法院审判员；

免去李后龙的南京海事法院院长、审判委员会委员、审判员职务；

免去刘坤的省高级人民法院审判委员会委员、立案庭庭长、审判员职务；

免去李红建的省高级人民法院审判委员会委员、民事审判第二庭庭长、审判员职务；

免去刘建功的省高级人民法院审判委员会委员、环境资源审判庭庭长、审判员职务；

免去朱嵘的省高级人民法院执行裁判庭庭长职务；

免去李荐的省高级人民法院民事审判第二庭副庭长职务；

免去马杰的省高级人民法院民事审判第六庭副庭长职务；

免去郑琳琳的省高级人民法院行政审判庭副庭长职务；

免去王德荣的省高级人民法院审判监督庭副庭长、审判员职务；

免去谢新竹、何斐的省高级人民法院审判员职务；

免去史笔的省高级人民法院审判委员会委员、审判员职务；

免去刘蔼强的省高级人民法院审判员职务；

免去赵培元的南京海事法院审判委员会委员、海商审判庭庭长、审判员职务；

免去潘军锋的南京海事法院海商审判庭副庭长、审判员职务；

免去徐安欣的徐州铁路运输法院院长、审判委员会委员、审判员职务；

免去周建荣的徐州铁路运输法院审判员职务。

江苏省人民代表大会常务委员会任免名单

（2022 年 5 月 31 日江苏省第十三届人民代表大会常务委员会第三十次会议通过）

任命郑立新为省高级人民法院副院长、审判委员会委员、审判员；

任命韦瑞瑾为省高级人民法院副院长、审判委员会委员、审判员；

任命金飚为省高级人民法院审判委员会委员、审判员；

任命倪志凤、景水平为省高级人民法院审判委员会委员；

任命周亚冠为省高级人民法院民事审判第二庭副庭长、审判员；

任命陈飞翔为省高级人民法院民事审判第六庭副庭长；

任命朱敏为省高级人民法院审判监督庭副庭长；

任命许祖福为省高级人民法院审判员；

任命王德荣为南京海事法院审判委员会委员、海商审判庭庭长；

任命于震为南京海事法院立案庭副庭长；

任命何斐为南京海事法院海事审判庭副庭长；

任命吴霞为南京海事法院苏州法庭副庭长；

免去蒋惠琴的省高级人民法院副院长、审判委员会委员、审判员职务；

免去申本岭的省高级人民法院立案庭副庭长职务；

免去朱敏的省高级人民法院刑事审判第一庭副庭长职务；

免去李道丽的省高级人民法院民事审判第五庭副庭长职务；

免去倪志凤的省高级人民法院行政审判庭副庭长职务；

免去景水平的省高级人民法院执行裁判庭副庭长职务；

免去金劲松的省高级人民法院刑事审判第二庭副庭长、审判员职务；

免去查华荣的省高级人民法院审判员职务。